ENGLISH DIALOGUES

2

Bernard Garde

Copyright © 2016 by Bernard GARDE
Dépôt légal deuxième trimestre 2016
All rights reserved – Tous droits réservés
ISBN 978-2-913283-64-0   -   EAN 9782913283640
Conception, impression & distribution via Createspace et Amazon

MODE D'EMPLOI

Les vint-six dialogues de niveau 2 proposés dans cet ouvrage pratique ont pour but de développer le vocabulaire, la compréhension, et l'acquisition des expressions idiomatiques les plus courantes de l'anglais usuel, avec l'autonomie totale qu'offre la traduction indicative intégrale annexée.

Les très nombreuses questions qui suivent chaque dialogue sont « explicites » lorsque la réponse est à puiser dans le dialogue lui-même, tout en la reformulant en fonction de la question, ou « implicites » lorsqu'elles supposent une réponse imaginaire compatible avec le contexte, afin de favoriser le développement de l'expression spontanée.

En solo, la lecture de ces pages à haute voix permet à l'étudiant ou à l'adulte de se familiariser avec le vocabulaire varié et les situations conversationnelles typiques de l'anglais quotidien, dans les meilleurs conditions de réactivation intensive pour une mémorisation facile et active.

En duo, ou pair-work, ces documents donnent l'occasion d'une réelle mise en situation stimulant la créativité et l'improvisation au fil des questions qui enrichissent chaque situation, au point d'inclure jusqu'à l'expérience vécue de chaque participant, dans une mutuelle correction des erreurs éventuelles de l'un ou de l'autre (l'essentiel étant ici de communiquer avec plaisir).

En groupe, avec ou sans animation professorale, les mêmes avantages s'en trouveront démultipliés, et chaque question « implicite » pourra faire l'objet de multiples réponses possibles, autorisant un brassage de vocabulaire et d'expressions d'autant plus intense.

Dialogue 1

- Jennifer? ... I'm going to the town centre to buy an alarm clock. Do you want a lift?
- No thanks, Bill. I'm waiting for Lucy's mother. I'd like to come with you to buy some food, but I'm afraid I don't know when she's coming.
- Maybe she's on the way... Do you want me to go and buy your food, then?
- Why not? But you don't know the town centre, do you?
- Well, just tell me where I must go, and I'll draw a little map... Here's my pen.
- So, the town centre in Rickie is a bit like a cross. The main crossroads is between Derby street and Main Street. Have you noticed that big crossroads with traffic lights?
- Yes, of course. There's a car park on the righthand corner and an old church on the left.
- That's it. Now, the best shops are in Main Street. If you turn left, you're in Main Street. There's a post office on your right, just opposite the church.
- OK. Do you think I must leave the car in the car park?
- No, there isn't much traffic on Tuesday afternoon. Now, you'll have to go to the baker's, the butcher's and the grocer's. Let me tell you where they are.
- I think I noticed a baker's on the left, yesterday...
- You're right. It's the third shop on the left after the church, opposite a Chinese restaurant. But the butcher's I prefer isn't in Main Street. It's in South Lane. It's a cul-de-sac on the left after the baker's.
- OK. And what about the grocer's?
- You'll find the grocer's in Cromwell Street, the second street on the right, which goes to the supermarket in Dalton Square.

Questions : (Imagine your answer when necessary)

What is Bill going downtown for? Why does he need to buy an alarm clock? What is the use of an alarm clock, normally? How do we know Bill doesn't live in Rickie? Why can't Jennifer go downtown with Bill? What's Lucy's mother coming for? What would Jennifer like to do if she didn't have to wait for Lucy's mother? Where does Jennifer want Bill to buy her food? Why must she explain where the shops are? Why does Bill prefer to draw a little map? What else will he have to write with his pen? What is the town centre like in Rickie? When is the car park usually full up? Why should Bill be able to stop his car in front of every shop? How many times will he stop? Why doesn't Jennifer want Bill to buy her food at the supermarket in Dalton Square? Where will Bill be able to buy his alarm clock? What will he have to buy at the baker's? What does Jennifer want Bill to buy at the butcher's? What will he buy at the grocer's? How much should Jennifer give Bill for all her shopping? How will Bill have to pay? What should Bill ask for to be able to carry all the food items he will have to buy for Jennifer? How long will Bill need to buy Jennifer's food? Why won't he buy any food for himself? How many shops are located between the church and the baker's? What do they sell? Why shouldn't he stop his car in front of Jennifer's favourite butcher's? Is there a butcher's in Main Street? Why does Jennifer prefer the butcher's in South Lane? Which street will Bill have to take if he wants to to go the supermarket for his alarm clock? How could Jennifer thank Bill for his help, when he came back from the town centre? Could you draw Bill's little map, to show all the landmarks and shops described by Jennifer? If you had to buy a new alarm clock now, what would it be like, and how would it work? How do you personally wake up every day? Do you get up immediately after waking up?

Dialogue 2

- Good Morning, Mr Kellog. I'm Deborah Wilson.
- Oh yes. Mr Martins told me about you yesterday. You're looking for a job as a secretary, aren't you?
- That's right. Has Mr Martins given you my letter? I'm sorry I didn't send it through the post.
- It doesn't matter, Miss Wilson. I've got your letter and curriculum vitae. I suppose you know we have to replace one of our secretaries who's just had a baby.
- Yes. Mr Martins told me about that. How long will you need me for?
- Four or five months, probably, but it could become a permanent job in the end.
- Really?
- Yes. Another secretary is getting married next March, and she'll have to leave the company because her husband is from Nottingham. Now, I wanted to have this interview to know you a little, but you've got an impressive curriculum vitae. I understand why Mr Martins recommended you to me.
- Well, I suppose you know I'm one of his nieces...
- I know, but I don't think all his nieces can speak French, German and Italian like you do. You have both diplomas and experience, and I think you'll be a very good employee.
- I'll do my best, that's all I can say.
- Now, before working together, I'll have to introduce you to my colleagues, to let you visit the plant with Mr Wakeman, and after having lunch together, we'll discuss the practical conditions of your new job.

Questions : (Imagine your answer when necessary)

Why is Deborah meeting Mr Kellog? Why doesn't she have any job at the moment? How long is her professional experience? When and how did she leave her last job? How did Deborah manage to find that particular job opportunity? Who is Mr Martins? How does Mr Kellog know Deborah is looking for a job? Who gave him Deborah's letter? Why didn't Deborah send her application letter and CV through the post, in your opinion? Why does Mr Kellog need a new secretary? How could that job become permanent? Which department will Deborah have to work in for the first three months, and later on? Why didn't Mr Kellog anticipate the baby's birth, as he certainly knew his secretary was pregnant? Why will the second secretary have to leave the firm next March? Who is she going to marry? How long will the second secretary have worked for Mr Kellog when she leaves next March? Why can't the second secretary go on working in this company after getting married? What will that secretary have to do after moving to Nottingham? Has she found another job yet? Why is Deborah's CV so impressive, according to Mr Kellog? Why is this interview so short? How does Mr Kellog like Mr Martins as a colleague, given the atmosphere of this interview? Why does Mr Kellog need this interview if he trusts his colleague concerning Deborah's abilities? How did Deborah learn French, German and Italian, assuming only one language learnt at school? What is the programme of the day for Deborah? What's Mr Wakeman's position in the firm? What detail could show us that this company probably produces corn flakes and cereals? How long will the visit of the plant be? Who will Mr Kellog introduce Deborah to? What will be on the menu for lunch? What are the practical conditions of Deborah's new job? What questions would you ask if you were Deborah to discuss the practical conditions of that job? Have you ever experienced a job interview? What were the circumstances?

Dialogue 3

- Excuse me, sir…which bus line must I take to go to Sutton Park?
- Sutton Park? I think it's line 16, a green bus, normally. But I'm not sure you can find a bus at this time of the day.
- Really? What time is the last bus in the evening?
- 9 or 9.30, perhaps. And it's already twenty to ten.
- Yet, you're waiting at this bus stop, aren't you?
- That's because I'm waiting for a friend who's coming by car.
- I see. I'd better phone for a taxi, then. Do you think there's a phone box in the area?
- There's one at the next crossroads, opposite the Half Way Pub. But it's usually out of order. Do you want me to ask my friend to give you a lift?
- That's very kind! Thank you very much. Are you going to Sutton Park, too?
- No, we're going to the cinema to see a Woody Allen movie. My friend said she'd be here at 9.30, but she's late…
- You're going to miss the beginning of the film if she has to drive me to Sutton Park.
- Well, I think the film only starts at 10.20, and Sutton Park isn't very far from here by car.
- What sort of car does she have?
- An old Austin Allegro…I hope she hasn't had a problem with the car. She ordered a new Rover last month, but she won't have it for three weeks.
- What's your friend's name?
- Françoise. She's a French girl from Lille. But don't worry, she doesn't drive like a Frog!

Questions : (Imagine your answer when necessary)

Where is this dialogue taking place? Why is the woman addressing the man at the bus stop? What is the woman going to Sutton Park for? Who does she want to meet in Sutton Park? How does she want to go to Sutton Park? Why doesn't she know the bus frequency or timetable? What's the gentleman doing at the bus stop? Why isn't he taking his own car to go to the cinema? How does the gentleman know when the last bus to Sutton Park is? How long has he been waiting? Why is a bus stop a good place to wait for a friend in Britain? What's Sutton Park like? Why doesn't the lady have any mobile phone? Where would she like to phone from? What for? How does the gentleman know the Half Way Pub? Why is that phone box usually out of order? What does the gentleman suggest to do? Why is the Pub called the "Half Way " house? What does the expression " to give a lift " actually mean? Why is the gentleman so helpful? Why does the lady suppose the two friends are also going to Sutton Park? Why is she wrong? How do we know Sutton Park isn't on the way to the cinema? Why doesn't it matter anyway? Which Woddy Allen film are the two friends going to see? What's that film about? How late is Françoise? Why is she late? Why does the gentleman fear a problem with the car? What car does Françoise currently have? Why has she recently ordered another car? What does Françoise do in Britain, if we assume she lives in that town? What's her job? Why must she wait for three weeks before having her new car? What will the Rover be like? How often do you personally change cars? Where's Françoise from? Why did she leave Lille? What time should the film end, assuming it is 95 minutes long? How much is the new Rover? What time will Françoise eventually arrive at the bus stop? What will the gentleman tell her? What does the gentleman mean when he tells the lady Françoise doesn't drive "like a frog"? What's civic driving like?

Dialogue 4

- Good afternoon, Mrs Moore. Can I help you?
- Good afternoon, Mr Short. My husband and I are planning a stay in the States. And I'd like to make a reservation for the flights and hotels.
- OK. Where do you want to fly to?
- We'd like to visit New York and Los Angeles. We intend to spend three weeks over there. It's a kind of second honeymoon, as all our children are married.
- I see. Now, what day do you want to take off from Heathrow Airport?
- On Friday 24th February, if possible.
- That means you'd come back...er...on Friday 17th March. Is that right?
- Exactly. What are the possible flights?
- Let me check on the computer... There's British Airways flight 6005 at 7.45 a.m. or TWA flight 8994 at 1.55 p.m. And the last one must be at 6.20 p.m. with Canadian Airlines... And you could fly back either on B.A. flight 4221 or TWA flight 8489.
- Fine. I'll have to see what my husband prefers. When do you have to know the answer?
- I'll need an answer before Thursday, if you want me to make all the hotel bookings before the end of the week.
- By the way, what about the hotels? Have you got a list of good hotels for us?
- Here's our selection. We usually recommend the Western Palace in Los Angeles, and the Central Park in New York. They're top quality addresses, and particularly convenient for visiting the town. I'll give you a copy of the list for your husband...

Questions : (Imagine your answer when necessary)

Where is Mrs Moore meeting Mr Short? Why is Mrs Moore coming to Mr Short's travel agency? What can Mr Short do to help the Moores with their project? Where would the Moores like to go? How do Mr Short and Mrs Moore know each other? Which States do the Moores want to visit? How long will they be able to spend in the States? What will they be able to see in New York? How long will their first flight be? What would you like to visit if you went to California? Why do the Moores prefer to book their trip in a travel agency, instead of using the web? Why does Mrs Moore consider this travel is a kind of second honeymoon? How many flights are available on February 24th? Which flight would you personally choose? When should the Moores fly back to Heathrow? What souvenirs will they bring back home? How will the Moores go to the airport on Februray 24th and return back home on March 17th? How much luggage will they need to take along to spend three weeks in America? (details…) Why do they prefer to take off and land on a Friday? Why not on Saturday or Sunday? Why does Mr Short need the Moores' answer before Thursday concerning the hotels? Why does Mrs Moore prefer to choose with her husband, instead of reserving everything now? How much will the Moores have to pay for the flights and hotels by the end of the week? How much money will they have to take along for touring around and having meals? What time will they have to arrive at Heathrow airport if they choose the earliest flight? Why does Mr Short recommend the Western Palace and the Central Park hotels? What makes these hotels particularly convenient? What quality category are they? How do you personally book your holiday flights? How long before the holiday period? What will the Moores have to do if they want to visit California by themselves? What will the Moores eat and drink in America? Have you ever visited the United States?

Dialogue 5

- Excuse me, madam… Which platform is the train to Windsor on, please?
- Platform 6, I think. But if I were you, I'd check on the timetable in the waiting room.
- Why? I've got a reservation for that train, and the departure is in five minutes.
- I doubt it, sir. Your train hasn't arrived yet, I'm afraid.
- What do you mean? How long does it usually stop here?
- Twenty minutes. It normally comes at 8.50, and only leaves at 9.10.
- But that's terrible, you know. I must take another train in Windsor at 11 o'clock sharp. Can't you get some news about the train to Windsor?
- My colleague has just phoned Watford station, and she says the train left Watford at the usual time.
- So what happened?
- I can't tell you, sir. It may be a technical problem, an accident at a level crossing, or even a flood! You know it rained a lot last night.
- That's ridiculous! Do you mean the driver can't phone you from the train?
- Not from that train. It's a local line, you know. The train you're waiting for is at least 30 years old.
- So what can I do? I suppose I'm going to miss my appointment in Swansea.
- There may be a solution. If you change tickets quickly enough, you can take the next train to Worcester. There's an expresss line between Worcester and Swansea. But I can't change your ticket here. You must queue up at counter 5.

Questions : (Imagine your answer when necessary)

Where is this dialogue taking place? Who are the two people involved in this situation? What is the passenger looking for when he addresses the railway employee? Where does the passenger want to go? Why does he need to go to Swansea? What does he expect to do in Windsor? Where is the next train to Windsor coming from? What time is his connecting train in Windsor? When and how did he make his reservation? Why does the railway employee advise him to check his train on the timetable? What time is this conversation taking place? Why hasn't the train from Watford arrived yet? Why is it impossible to know what's happened to the train from Watford? How does the lady know the problem only occurred after Watford? What is a level crossing? Why could a technical problem explain the delay? Which lines are the oldest trains used on? Why does the hostess also suggest a flood possibility? Why don't they use more recent trains? What could be the consequence of the delay for the passenger? What is his appointment about? What does the railway employee suggest to do? Why didn't he choose the express line before? What must the passenger do if he wants to join the express line between Worcester and Swansea? Why can't the lady change his ticket here? How many people are waiting at counter 5? What should the gentleman immediately do concerning his appointment, in your opinion? How long does he have to change his ticket at counter 5 before the next train to Worcester arrives? Why is there an express line between Worcester and Swansea? What is a local line? How many passengers use that express line daily, weekly, monthly and yearly? Why hasn't the passenger heard any delay announcement concerning the train from Watford? Describe the person you can spontaneously notice among the people queuing up at counter 5? How do these people react to the problem they are facing? How would you react personally?

Dialogue 6

- Hello? Is that you Clara?
- Yes. Clara Flag. Who's speaking?
- It's Robert Browning.
- Oh! How are you, Bob? Are you already in Birmingham?
- Yes. I'm phoning you from the Redstar Hotel. I've just arrived from the airport, and I wanted to see if we could have dinner together.
- That's a good idea. But I'll be very busy until 8.30, and I'm afraid I can't meet you at the hotel before 9. Is it too late for you?
- No. I don't mind. I can wait until 9. I had a light meal on the plane, you know. And I need a hot bath after a 9 hour flight. But maybe we could meet in town?
- Why not? Do you want me to send you a taxi?
- No thanks, I'm already waiting for a taxi. I must go shopping for my wife before the shops are closed.
- Well, in that case, we could meet at the Yellow Frog. It's a French restaurant in Dalton Avenue. It's a yellow building between a cinema and a library. Could you book a table for three people, please?
- Three people? Who's the third person?
- My secretary, Wendy Lowe. I hope you don't mind if she come with us…
- Not at all, Clara. Your secretaries are always charming. What time can we meet, then?
- Let's say, between quarter to nine and nine o'clock….is that OK?

Questions : (Imagine your answer when necessary)

Who is phoning Clara Flag? Why is Robert Browning phoning Clara? Where is he calling from? Do you think they are good friends, or just professional acquaintances? What makes you think so? Why doesn't Clara immediately recognize Mr Browning's voice on the phone? Where is the Red Star hotel located? How far is it from the airport? How did Bob go to his hotel? How did Bob manage to choose that hotel? When did he make his reservation for the room? Which room has he been given? Which floor is it on? How long is Bob staying in Birmingham for? What can Bob see from his window while phoning Clara? What time is it during this phone call? Where was Bob flying from when he landed at the airport? Why was his plane 30 minutes late? What did Bob eat and drink during the flight? What were the 2 Business Class hostesses like? Why is Bob inviting Clara to dinner? Will it be a business meal, or a friendly invitation? Why? What does Bob intend to do before meeting Clara? What does he want to buy for his wife? Why doesn't he want Clara to send him a taxi? Why can't Clara meet Bob before 9 or 9.30 p.m.? Where would Clara like to meet Bob? Why does she suggest the Yellow Frog restaurant? What's next to the Yellow Frog? What's on at the cinema this week? What's a library for? What will Bob and Clara be able to do after dinner if they want to stay near the restaurant? Why does Clara want to come to the restaurant with her secretary? How does Bob react? Is it the first time Clara's been meeting Bob with a secretary? Who will pay for the meal? How often does Clara change secretaries? Why does she change secretaries so often? Which table will Bob be given at the Yellow Frog? How many people can eat in that restaurant? How do we know Bob doesn't know that restaurant yet? How often does Bob meet Clara? What will they talk about during the meal? How long will they spend at the Yellow Frog? What's the Yellow Frog's speciality?

Dialogue 7

- Cindy! Did you know I saw your husband in Exeter last week?
- That's quite possible, Jack. I haven't told you yet, but George went to Exeter last Wednesday. He had to meet a new customer.
- That's strange! I think I saw him on Thursday afternoon.
- You must be wrong, Jack.
- Really? But I'm sure it was him. He's got a dark blue Triumph, hasn't he?
- That's right. But thousands of people have a dark blue Triumph, you know…
- Come on, Cindy! I know what your husband's car is like : I sold him that car last December! I can even tell you it's got a dent in the front nearside wing.
- That's interesting, Jack…Where did you see him, then?
- He was coming to a roundabout, and there was a lot of traffic. I was going to take my car when I recognized him. It was about 4 p.m. I saw them turn left into Manor Park.
- Why didn't he notice you then?
- Well, I suppose he was too busy…
- Too busy? What do you mean, Jack?
- Well, he wasn't alone in the car. I mean, he was driving a young blond lady, and they were talking and laughing a lot. That's why they didn't notice me, I suppose.
- I see. It can't be our friend Barbara, she's got ginger hair…
- Mind you, maybe she was your husband's customer.
- I doubt it. George told me about a certain Mr Harper. But the blond lady could be his secretary, couldn't she?

Questions : (Imagine your answer when necessary)

What does Jack want to talk about? Who is Jack, in relation to Cindy and George? Why isn't Cindy surprised to hear that Jack saw George in Exeter last week? Why do Jack and Cindy disagree about the day George went to Exeter? Why did George go to Exeter last week, according to Cindy? Who was he supposed to meet? What does George sell? What does Mr Harper need George's products for? What was Jack doing when he saw George? Why did he have enough time to observe George? Assuming George is faithful, why didn't he meet his customer on Wednesday, as expected? How can Jack be sure about George's car? How much did he sell him that car for last December? How had the dent in the front nearside wing occured? Who was the previous owner of that car? Why hadn't Jack repaired the dent in the front nearside wing before selling the Triumph? What was Jack doing in Exeter last Thursday? What was George going to Manor Park for? What's Manor Park like? Why didn't George notice Jack was observing him from the roundabout? What were George and the young blond lady doing when Jack saw them near the roundabout? Why doesn't Cindy think the young lady could be their friend Barbara? How could she be wrong? Why can't the young blond lady be George's customer? Who does Cindy suppose the lady is? Assuming George is faithful, why didn't he tell his wife about the young blond lady in Exeter? Why is Jack insisting so much about that embarrassing fact? Why does he want Cindy to worry? What would you do if you were Cindy when your husband came back home for the weekend? Who is the young blond lady, in your opinion? Why was she in George's car at that moment? What would you do, as Cindy's friend, if you knew George was unfaithful to his wife? What should Jack tell George next time they meet or phone each other?

Dialogue 8

- Good evening, ladies and gentlemen, and welcome to your favourite TV game. Here's the fifth candidate of the week, Mrs Sandra Maxwell. What's your job, Mrs Maxwell?
- I'm a teacher at St John's school in Watford.
- What subject do you teach?
- History.
- Good. And I suppose you live in Watford?
- Not really. We live in St Albans, because my husband works there. He's a clerk at the local post office.
- Good. Now, here's the first question in the first envelope : …Who governed France in 1813?
- Er…mmm…I think it was Napoleon 1st.
- Quite right, Mrs Maxwell! And here comes the second question : Who invaded England last, and when exactly?
- William the Conqueror, of course. And I suppose it was in…1066?
- Very good answer, Mrs Maxwell. It was in 1066 indeed, when William the Conqueror won the battle of Hastings. That opens the way to the third and last question on history : Who was Queen Elizabeth 1st's father?
- Oh dear….I knew it…er….wasn't it James the…No, it can't be…
- Come on, Mrs Maxwell! I'm sure you can find it. You've got ten seconds left and…
- I think I've got it! It was King Henry the Eighth!
- Great Sandra! You've just won today's prize, and the surprise is in the fourth envelope…

Questions : (Imagine your answer when necessary)

Where is this game taking place? What time is it in the day? What day is it in the week? How many TV spectators are watching this game? What does the game consist in? Where does the fifth candidate come from? Why did Sandra choose questions about history? How long has she been a teacher? How many pupils does she teach at St John's School? How many hours a week does she teach? How old are her pupils? How many groups has she got? Why do the Maxwells prefer to live in St Albans? Why don't they live in Watford? What does her husband do, as a post office clerk in St Albans? Do they have any children? Would you have been able to answer correctly those three questions about history? Which period of history would you rather choose to be interviewed about if you were a candidate? Which subject would you prefer to be interviewed about, if you were a candidate for a TV game? Where did William the Conqueror come from, when he invaded England in 1066? What happened to King Harold, who defended England, during that famous battle? Why are there four envelopes for only three questions? What's in the fourth envelope? Who is the sponsor of that TV game? How was Mrs Maxwell previously selected? What is King Henry the Eighth famous for? Who was Queen Elizabeth 1st's mother? How long does Mrs Maxwell have to answer each question? How long is this daily TV game? Have you ever been a candidate to any radio or TV game? Do you watch TV games? If you were selected as a candidate, which radio or TV game would you prefer to play? Why? How do you like reality shows and games, as a TV spectator? What game could you imagine? Who is usually your favourite TV entertainer for games or music shows ? What question could you ask me to test my knowledge right now? How do you like lotteries? How often do you play cards or family games such as Monopoly or Trivial Pursuit?

Dialogue 9

- Hey Mike! Have you seen that blond girl? Do you know her?
- Which one?
- That one, over there…the girl with the white dress, standing near the band.
- Oh, I see. Yes, I know her. She's Debbie Paxton. Her father is the manager of a big building company in Coventry.
- And what does she do here, at Aston University?
- She's a first year student in French and Computer Sciences.
- I see… And I suppose she lives in Coventry, doesn't she?
- No, no, she lives here, in Birmingham. She's got a room on campus, in Dalton Tower, I think.
- Do you know her family?
- Not really. I only know she's got two brothers, but I've never seen them.
- Do you know her personally?
- Well, I meet her at the pottery workshop once a week, on Tuesday evenings. And with the pottery group we often go to the Union Pub to have a drink or two.
- Is she your girlfriend, Mike?
- No, she isn't. I'd like to be her friend, mind you. But she's engaged to a Frenchman from Paris, and they're getting married next July.
- A Frenchman?
- Yes, she says Frenchmen are more romantic, you know…
- Pffffff! Ridiculous!

Questions : (Imagine your answer when necessary)

What are these two students talking about? Where are they? Where does the music come from? What does Mike's friend want to know about the blond girl? Why is he interested in her? Why is the blond girl alone near the band? Why can't her fiance be with her today? How does Mike know Debbie Paxton? What does Mike know about Debbie's family? How many employees does Debbie's father have in his building company? What does he build? Does Debbie's mother work? (Why /Why not?) How many children do the Paxtons have? Why is Debbie studying Computer Sciences? What does she want to do after university? Why is Debbie studying French? How, where and when did she meet her French fiance? How often does she go to France? Where will her wedding ceremony take place in July? What does Debbie's fiance do? What will Debbie do after getting married? Where will she live? How high is Dalton Tower? How many floors has it got? How many students live on that campus? Why does Mike's friend suppose Debbie lives in Coventry? What's Debbie like? Although Coventry is near Birmingham, why does Debbie prefer to live in Birmingham? How old do you think Debbie is? How often does she go to the pottery workshop? How long is the pottery workshop every week? What is the available timetable for that workshop? Why is the pub called " The Union" Pub? When was Debbie officially engaged to her Frenchman? How many guests will be invited to the wedding? Where will Debbie go on honeymoon? What softwares can you personally use on a computer? Have you ever practised pottery? What subjects are Mike and his friend studying at Aston? Which campus tower do they live in? What does Debbie drink every time she goes to the Union Pub? How much does she drink? What pottery items are Debbie and Mike working on this week? When is the next exhibition?

Dialogue 10

- Tony?
- Yes?
- Are you going to Bristol on Thursday?
- Of course, Sally. You know I must work at my parents' bookshop every Thursday.
- Can you tell your father to phone Mr Morrison on Monday morning?
- Mr Morrison? Who's that?
- He's one of my friends from Bath, and I think he'd like to buy your parents' shop.
- How do you know my parents want to sell their shop?
- Well, I just read the newspaper every morning at breakfast time. It's in the small ads.
- I see. And why doesn't Mr Morrison phone my parents, then?
- I suppose he's got a wrong number...
- Maybe you're right. Actually, they've got the same number, but the local code is different. So, what's your friend's phone number in Bath?
- 446233, and his daytime address is 67 Tudor Street. I don't think he has a fax machine.
- Fine. The phone number is enough. And what time can they phone him?
- Any time between 8.30 and noon. But, please, tell them he doesn't work in the afternoon.
- Thanks. I suppose Mr Morrison is very rich.
- What do you mean, Tony?
- I mean my parents need about £ 150,000.
- Good Lord! And what do they want to do with all that money?
- They're going to retire and buy a 32 foot ketch for my father's 60th birthday.

Questions : (Imagine your answer when necessary)

Why does Sally want to know whether Tony is going to Bristol on Thursday? Why must Tony go to Bristol every Thursday? How does he usually go to Bristol? Why do do Tony's parents need their son's help at the bookshop every Thursday? Who is Mr Morrison? How does he know the bookshop is for sale? How much is the bookshop? Why are Tony's parents selling their bookshop? What do they want to do with the money? What's the yearly turnover of the bookshop? How much profit does it make every month? Why does Mr Morrison want to buy that particular bookshop? Where is it located? What sort of books can you find in a bookshop? What else can you buy there, apart from books? How does Sally know the bookshop is for sale? How long has it been in the small ads? How long does Mr Morrison expect to need to amortize his investment if he buys the shop? Why does Sally read the small ads every morning at breakfast time? What are small ads for? Have you ever used small ads to sell or buy anything? How much do you think a small ad costs? Why can't Mr Morrison phone Tony's parents? What's their new local code? When did it change? Why haven't Tony's parents changed the local code on the small ad? How far is Bristol from Bath? Why does Sally prefer Tony's parents to call Mr Morrison? Who are the clients of that bookshop? Why must Tony's parents call Mr Morrison in the morning? What's Mr Morrison's current job? What does Mr Morrison do in afternoon? How many shop assistants do Tony's parents have? What will Mr Morrison change in the shop and its management if he buys that bookshop? Why isn't Tony interested in his parents' bookshop? When did Tony's parents buy their shop? What do Tony's parents do every time their son replaces them in their bookshop? Why should Mr Morrison be very rich, according to Tony? What's a 32 foot ketch?

Dialogue 11

- Hi Sue!
- 'Morning Brian. How is your mother today?
- She's better, thanks. Mr Young is really a good doctor.
- Can I see her?
- No, I'm afraid she's sleeping at the moment.
- That's the best medicine. So, I suppose you're coming with us, then?
- No, Sue. I'm sorry, I can't. Mum wants me to stay with her today because my father is working in Windsor this week, and I don't think he can be back before 5 p.m.
- Never mind, Brian. I'm going to the supermarket with Clara. Do you want us to buy something for your mother?
- Why not…er…let me think… Could you buy her one or two magazines and newspapers?
- Certainly. It's the best thing to do when you have to stay in bed. What does she prefer to read?
- Oh, you can buy the Daily Telegraph, Home & Garden, or Newsweek. And I think there's a special article about New-Zealand in the Guardian. You know she loves New-Zealand.
- Does she read the Daily Mirror?
- Well, not usually, except when she's at my brother's. Let me give you some money, Sue.
- Certainly not, Brian. I can pay for your mother's magazines, you know.
- Thanks a lot for her.
- Not at all, Brian. Your mother is my parents best friend, after all. See you later!

Questions : (Imagine your answer when necessary)

Where is this dialogue taking place? Why is Sue asking Brian about his mother's health? Why must Brian's mother stay in bed? How long has she been ill? When did Dr Young visit her? Why does Brian think Mr Young is really a good doctor? What's on Dr Young's prescription? How long will Brian's mother have to stay in bed? Why can't Brian go shopping with Sue? Why does Brian's mother want her son to stay with her? What does she need him for? What's the best medicine according to Sue? What are Sue and Clara going shopping for? Does Brian's father work in Windsor? What is Brian's father doing in Windsor this week? What time will Brian be able to leave his home today, if he wants to see Sue and Clara later? What does Brian advise Sue to buy for his mother? Where will Sue buy the magazines? How long will Sue need to go shopping and buy the newspapers and magazines? What time will Sue come back to Brian's home? How much will she spend for Brian's mother? How will Brian be able to thank Sue for the newspapers and magazines when she comes back later? Why does Brian particularly recommend Sue to buy the Guardian? How long is that article? How does Brian know there's a special article about New-Zealand in the Guardian? Why does Brian's mother love New Zealand so much? What do you about that country? Why doesn't Brian's mother usually read the Daily Mirror? What sort of paper is it? Who is a subscriber to the Daily Mirror in Brian's family? How often is Newsweek issued? What's Home & Garden like, as a monthly magazine? Why doesn't Sue want Brian's money? Why does Brian's mother prefer to read magazines, instead of novels or thrillers? What should Brian suggest Sue to do later if his mother has woken up in the meantime? What's a good doctor like, in your opinion? What's Winsor City famous for? Why won't Clara be able to stay at Brian's very long when she comes back later?

Dialogue 12

- Do you know where Sunday's picnic will be, David?
- I think it'll be on Mount Greenrock this time.
- Why not by the canal or the lake, as usual?
- Because the weather is uncertain, and the Paxtons don't know Greenrock Castle, you see. The dungeon is convenient when it rains.
- What are you going to take on the picnic?
- Well, I suppose we'll buy the drinks, as usual. And our daughter Marian says she'd like to make a big cake. I think it'll be a chocolate cake. That's her speciality, you know. By the way, the Nortons are coming with us. They're our friends from Banbury.
- I'll be glad to meet them. And what do you want us to bring, then?
- Let me think… The Parkers will buy some cold meat, and I know your cousins want to bring some French cheese with the salad. Why not buy one or two pizzas as a starter?
- That's a good idea, David. I'll tell Mum to go and buy pizzas at the shopping centre.
- Oh, please, Jakie, not at the shopping centre! The pizzeria in Fox square is much better.
- OK, I'll tell her. And what sort of pizza can we bring?
- The Margaritas are very good, with ham, mushrooms, tomato and cheese. But if you like seafood, you can also buy a Neptune. Though I don't think the Parkers like seafood.
- Fine! Shall we meet at my cousins' as usual?
- No, Jackie. The station is a better meeting place because the Nortons don't know Stratford at all.

Questions : (Imagine your answer when necessary)

How often do these friends organise a picnic party? How many families are coming this time? How many people will come to Sunday's picnic? How many cars will they need? Where do these friends usually have a picnic party? Where will it be this time? Why? Why do these friends usually prefer to have their picnic parties by the lake or the canal? How old is Greenrock Castle? When was it built? What is a dungeon? Why could it be convenient? What drinks will David's family bring on the picnic? Why should Marian bring a chocolate cake? Does Jackie know the Nortons? Whose friends are the Nortons? Where are they from? What sort of cold meat will the Parkers bring? Why do they usually prefer to bring the meat? What does David suggest to buy as a starter? How many pizzas will Jackie's mother have to buy? Where does Jackie's mother usually buy her pizzas? Why doesn't she buy them in Fox square? Where does David recommend to buy the pizzas? Why can't Jackie's mother make the pizzas? How does David know pizzas are much better in Fox Square than at the shopping centre? What are the main ingredients of a Margarita? What ingredients can you find on a Neptune? How many Margaritas and Neptunes would you personnally buy for 10 adults and 15 children? How high is Mount Greenrock? How can people reach Greenrock Castle from the car park? What can you see from the top of the dungeon? What will the children do after eating their picnic? What will the parents do after eating their picnic? How long will they stay on the picnic area? What are conversations about when men and women chat separately after a picnic party? Who will have to leave the picnic site first, and why? What could these friends do if it rained? Where will the friends meet before going to the picnic area? What time will they have to meet? Where do they usually meet? How far is Greenrock from Stratford? How long is it to go there? 22) Why is the meeting place different this time?

Dialogue 13

- Come in, Miss Sullivan. Please, sit down.
- Thank you, Mr Summers.
- So, I've got your letter here. You're Sally Sullivan, a first year student at Aston College, and the problem is that you can't live on campus. Is that right?
- That's right. I mean, I'd like to live on campus, but there's no room left, unfortunately.
- Well, don't worry. There are other solutions for you. I've got two or three cheap bed-and-breakfasts in town, not too far from your college.
- That's to say?
- Well, the first one is in Turner Street. If you take Darwin Avenue from the station to Milton Square, it's the second street on the left, opposite the cinema.
- OK. How much is it?
- £50 a week, I think... yes, that's it. Mrs Bell, 67 Turner Street... Now, the second one is at an old lady's, miss Webster. The address is 89 Aston Road. It's the street opposite the station, just between Darwin Avenue and the bridge... But she's a retired music teacher, and she plays the violin.
- Oh dear! No good for studying medicine, is it? And what about the third address?
- The third address is the Flints', for £56, in Purcell Street. It's the street which goes from Milton Square to the roundabout at the other end of Aston Road. It's in a big block of flats on the right when you come from Milton Square, just between the police station and the post office. And the Flints' address is 44, Purcell Street... What's your choice, then?

Questions : (Imagine your answer when necessary)

Where is Miss Sullivan meeting Mr Summers? Why does Sally need to meet Mr Summers? How does Mr Summers know Sally is looking for accommodation? What can he do for her? Why can't Sally find any room on campus? Why is there no room left for her on campus? What is Sally coming to this town for? What does she intend to study at Aston College? What does Sally want to become after completing her medical studies at Aston College? How does Mr Summers choose possible addresses of bed and breakfasts for students? How many possible addresses can Mr Summers recommend to Sally? Why not more? What would make the first address particularly convenient for a young student? Why isn't Sally interested in the second address? How old is the retired music teacher? Which of the three possible addresses is probably the nearest from Aston College? Why? Why hasn't Sally been able to share a flat with a few other students of Aston College? Why couldn't Sally anticipate and try to book a room before the campus was full up? Which address would you personally prefer if you were given the same choice? Why? What could make the third address particularly convenient for a young student? Could you draw this part of the town to locate all the landmarks given in the dialogue? Where do you think Aston College is? What's below the bridge near the station? What will Sally have to do after meeting Mr Summers? Who will she phone or meet first? What will Sally ask the owners she will call immediately after meeting Mr Summers? What criteria would you take into account to choose the best address, if you were Sally? Have you ever lived on a campus? Where did (do) you live when you were (if you are) a student? What are the main advantages of a bed and breakfast, a shared flat or a room on campus? What are the main drawbacks of a bed and breakfast, a shared flat or a room on campus?

Dialogue 14

- Good morning, Mr Matthews. I'm looking for Sally. Is she here?
- I'm afraid she's in town with her mother. I think they wanted to buy some books for school...
- Oh, I see. Isn't it a dictionary?
- That's it. How do you know?
- Well, it's for Spanish, you see. Mrs Lopez wants all of us to have the same dictionary.
- That's typical of secondary school teachers. Anyway, I suppose they'll be back in a few minutes, if you don't mind waiting until 10.30.
- Oh good. It's nearly quarter past. Can I wait for them here in your garden?
- Of course, Linda. By the way... Why do you want to see Sally?
- Well, we're going to have a picnic by the sea, on West Beach, you know. It's such a lovely day for fishing and swimming!
- That's right. And who's the picnic with?
- With a few friends from school. There's about 8 of us.
- School friends, you say... From William Penn School?
- Yes, Mr Matthews. I'm sure you know most of them. We're always together...
- I know, but I mean...is Jack Anderson going this time?
- Of course he is! You do know he's your daughter's boyfriend.
- Well, that's the problem, Linda. He <u>was</u> Sally's boyfriend until last night.
- Really? How do you mean? What happened?
- I don't know yet, but I'm not surprised: I've never liked that boy. Maybe she'll tell you when she comes back.

Questions : (Imagine your answer when necessary)

Where is the scene taking place? What time is it in the morning? What's Linda coming for? Why isn't Sally at home? Who did she go downtown with? What must she buy downtown? Why didn't Sally go to the town center alone? How did she go downtown with her mother? What was Mr Matthews doing in his garden when Linda came to invite her friend? Why does Mrs Lopez want all her pupils to have the same dictionary? Where is Mrs Lopez from? How long has Mrs Lopez been teaching Spanish at William Penn School? How old is she? How do Sally and Linda know each other? Why must Sally and her mother be back home at 10.30? How long will Linda have to wait for her friend? What's the weather like? What do the school friends want to do today? What must they do before going to West Beach? What will they eat and drink on West Beach? What will the school friends do around West Beach? How far is West Beach from the town? How will the school friends go to West Beach? Why does Mr Matthews want to know who's going on the picnic? Who's Jack Anderson? What's Jack Anderson like? Why has Mr Matthews never liked Jack Anderson? What happened last night? Why did Sally have an argument with her boyfriend? Whose fault is it? Why doesn't Linda know about Sally's problem with Jack Anderson? When should she know? Is Sally depressed or relieved? Will Linda tell her friend Jack Anderson is going on the picnic? Would you go to West Beach if you were Sally, after what happened last night with Jack? Assuming Mr Matthews knows everything, why doesn't he want to give Linda any detail? How long had Jack Anderson been Sally's boyfriend? How had they met and fallen in love? How old should boys and girls be to fall in love, in your opinion? How can parents control them? What should parents recommend teenagers to do to avoid contracting AIDS and other diseases?

Dialogue 15

- Have some more toast, darling. Don't forget you only have a sandwich at lunchtime on Thursdays.
- No thanks. I've already had too much cereal this morning. And it's already twenty past.
- You're right. The children are waiting for you.
- What do you mean, love? They should be on their way to school...
- Come on, Steve! I told you about the bus strike yesterday evening. Maybe you weren't listening to me, but I'm sure I told you.
- Oh dear! I'm going to be late at the office again. Mr Baxton doesn't like that, you know. By the way, I hope you remember he's coming to have dinner with us.
- Of course, love. I'll go shopping this morning. Have you asked his secretary about what he prefers to eat?
- Well, I'm sorry, Diana. We're so busy that I haven't had the time yet. Do you want me to phone you from the office before you go shopping?
- Yes please. But don't forget this time. You told me this invitation could change your career at the bank. A good dinner can help a lot, you know...
- You're right, Diana. I'll try to see Miss Perkins and phone you before 10 o'clock, OK?
- Fine. By the way, do you know what time Mr Baxton will arrive?
- I told him to come at about 7.30. But I'll have to tell him the way, as we can't come together. I hope everything goes well...
- Don't worry, love. I'll wear my red dress. It's short enough to make up for my cooking!

Questions: (Imagine your answer when necessary)

What time is it? Why should Steve have a big breakfast on Thursdays, according to his wife? Why does Steve only have a sandwich at lunchtime on Thursdays? Who's waiting for him? Why are the children waiting for their father? How long have the bus drivers been on strike? Why are the bus drivers on strike this week? What's Steve's favourite sandwich like? Why doesn't Steve have a home made sandwich <u>every</u> Thursday? Who is Miss Perkins? What was Steve doing last night when Diana told him about the bus srike? What about Diana? Do you think the children's school is on the way to Steve's office? (why? / Why not?) How late will Steve be at work today? Why can't the children go to school on foot? How do we know Steve was recently late at his office? What had happened on that day? Why has Steve invited Mr Baxton to dinner? When did he invite him?..In what circumstances? What does Diana need to know before going shopping? Has Steve invited Mr Baxton yet? How will Steve be able to know what his boss prefers to eat? What's Mr Baxton's favourite dish? How does Miss Perkins know what her boss prefers to eat? Where will Diana go shopping? How can Steve manage to ask Miss Perkins about her boss as discreetly as possible? Why must Steve phone Diana before 10? Why can't Steve and Mr Baxton come together tonight? What will Mr Baxton have to do after leaving his office and before going to Steve's. What coud Mr Baxton bring for Diana?…for Steve? Where will he be able to buy his gift(s)? Why is Mr Baxton coming alone to this dinner party? Why does Diana want to wear her red dress? How do we know Diana isn't a good cook? How long will Mr Baxton stay at Steve's? What time will Mr Baxton leave his hosts? How do you call a person you invite to your home? Do you appreciate mixing private and professional lives? Can a colleague become a good friend?

Dialogue 16

- Hello? Is that Mrs Rover? Barbara Fox speaking…
- No, it's Mr Rover speaking. How are you Mrs Fox?
- Very well, thank you. Er…I just wanted to know… Is your daughter at school today?
- Wendy, you mean? Of course she is. And she must be with your children, I suppose.
- Yes, they're both at school. But I wondered if your wife could do me a favour and take the children back home today. The Volkswagen is under repair again, you see…
- Well, my wife is away until Friday. She went to see her mother who's in hospital. But don't worry, Mrs Fox : I'll go to Hampton School to fetch them all.
- Oh, thank you very much, indeed! But are you sure they leave school at the same time?
- Well, let me think… Wendy usually leaves at 5 on Tuesdays. What about your sons?
- Quarter past four, normally. Oh, how stupid of me! I should have phoned you yesterday.
- Well, you needn't worry Mrs Fox. It's not too late to tell your children.
- What do you mean?
- I mean you should phone Hampton School before the next break.
- That's a good idea. I'll phone the headmaster's secretary, and…
- Well, if I were you, I'd phone Mr Summers, as his office is next to your children's classrooms.
- You're right, Mr Rover. I'll leave a message with Mr Summers. What time will you be there?
- About ten past five. Just tell your children to wait for Wendy outside the language lab and stay with her until I come.

Questions: (Imagine your answer when necessary)

Who does Barbara want to speak to? Why isn't Mrs Rover answering Barbara's phone call? What time is it, in your opinion? Why is Mr Rover at home on a Tuesday afternoon? What would Barbara like Mrs Rover to do? Why can't Barbara take her children back home? What's the problem with the Volkswagen? How can you guess it's probably an old car? Why don't the Foxes buy another car if their Volkswagen is no longer reliable enough? How long have they had this Volkswagen? What model is it? What colour is it? How do we know Barbara's car probably broke down yesterday? Has she used it this morning? Who drove the children to school this morning? Why can't her husband drive them back home? Where is Mrs Rover? How long is she with her mother for? What happened to her mother? When did Mrs Rover go and see her mother? Why can't she come back home before Friday? How can Mrs Rover and her mother spend their time in hospital? What's the room number? Why is there a problem with the children's timetable at school? What should Barbara do? What message would you leave on the phone if you were Barbara? When is the next break? How long will Barbara's children have to wait for Wendy after finishing their school day? How will Mr Rover go and fetch Barbara's children at school? What car does he have? Why does Mr Rover think Barbara should call Mr Summers? Does Barbara have twin sons? Who else could Mrs Fox phone if Mr Rover wasn't at home or was unable to help her? What is a language lab for? What can people do during a language lab session? Why can't Barbara's children come back home by bus, given the circumstances? How should Barbara's children spend their time while waiting for Wendy to leave the lab? How do the Foxes know the Rovers? How did you go to school when your were young? Why? What improvement could you suggest for school transport to save money and petrol?

Dialogue 17

- Tell me, Bernie... Do you still live in Stamford?
- That's right, Kate. Why?
- Because we're going to move to Stamford next month. My husband's got a new job at Hudson's. Do you live in a house or a flat?
- We've got a house in a very quiet district. The name is Shepherd's Hill. Do you know where it is?
- No, I'm afraid I don't. In fact, we must look for a house or a flat, but we haven't got much time to choose. I phoned a few agencies last week and they all said it was difficult to find accommodation in Stamford.
- That's true. It's a booming town, you know. There are a lot of job opportunities thanks to the new chemical complex at Greenfield Valley, but not enough houses for all the newcomers...
- It's a pity. I suppose we'll have to find a temporary solution a few miles away, and...
- Mind you, Kate, you could stay with us for a few weeks. The house isn't too big, but we've got a big caravan in the garden. I'm sure your children would like that.
- Well, that could be an idea. I don't think Andrew likes camping, but it doesn't matter: he'll be busy at work. Do you think your wife will agree?
- No doubt she will. And don't worry: if Andrew doesn't like camping, we'll take the caravan. That way you'll have all the time you need to choose an address before moving.
- Great! Thanks a lot, Bernie! But where can we leave our furniture, then?

Questions : (Imagine your answer when necessary)

Do you think Kate and Bernie are very good friends? (Why / Why not?) Have they met recently? Why are Kate and Andrew moving to Stamford? When must Andrew start his new job? Why is it so difficult to find accommodation in Stamford? How does Kate know it's so difficult? How many agencies did she phone last week? What sort of accommodation are they looking for? What explains the current boom in Stamford, according to Bernie? What is a chemical complex? Where is the new chemical complex located, from the town center? What do these firms make? How many companies have already settled at Greenfield Valley? What's the total surface area? How many jobs have been created up to now? Why aren't there enough houses for the employees? What should the Town Council do to welcome the newcomers? Why didn't they anticipate? What consequences will the complex imply for the town in terms of transport?…safety?…tax? What consequences will the complex imply for the town in terms of shopping?…education? When was the chemical complex inaugurated? How was the inauguration officially celebrated? What does Bernie suggest to do to help Kate and her family? How big is Bernie's caravan? How does Bernie usually spend his summer holiday? Where does he prefer to go camping? Why doesn't Andrew like camping? How can Bernie be so sure his wife will agree? What can Kate and her husband do with their furniture? How much furniture do they have? Why shouldn't Andrew mind camping for a few weeks, according to his wife? Why did Kate's husband change jobs or companies? How did he find this job opportunity? How could Kate and her husband thank their friends for their help after finding an address? How would you look for a house or a flat if you had to settle in another town or village? What will Kate and her husband have to do concerning their children as soon as they move in? Could you describe Bernie's Caravan?

Dialogue 18

- Good morning, Mrs Harper. What can I do for you?
- Good morning, Mr Teabone. I'd like a few sausages, please.
- What is it for?
- Toad-in-the-hole.
- I see. Then, you want that kind. They come from York. They're much fresher than usual.
- Aren't they too thick?
- Oh no, on the contrary. If you bought thinner ones, they'd dry up while cooking.
- I suppose you're right. Now, there'll be five of us. So, I'd like, say, ten sausages…?
- Well, if I were you, I'd say fifteen. They're pretty thin once they're cooked, you know.
- OK. Let's say fifteen, then. Anyway, we can eat them cold if it's too much. How much is that?
- Now, let's see… That's six pounds eighty pence, please.
- Here's ten pounds. I'm sorry. I haven't got any change.
- Never mind. Here you are…seven, eight, nine…and ten pounds.
- Oh! I nearly forgot! I'd like a few slices of pork pie, as well.
- OK… Well, there isn't much left here. I'll start a new pie for you… That thick? How many slices?
- Five, please. Thank you. How much is that, with three of those steak and kidney pies?
- That's another five pounds and five pence. Let's say five pounds… That's it, thank you.
- Could I have another bag, please? My basket is already full of vegetables from the market.
- Certainly. Here you are, Mrs Harper. Have a nice weekend. Bye…

Questions : (Imagine your answer when necessary)

Where is this dialogue taking place? What's Mr Teabone's job? How does he know Mrs Harper? How often does Mrs Harper go to the butcher's? What day is it in the week? What time is it? What's Mrs Harper coming for this time? How many people will she have to cook for? When were the sausages from York delivered to the butcher? What does Mrs Harper want to cook? Why does the butcher particularly recommend the sausages from York for Mrs Harper's recipe? What dish do people usually buy sausages for? When did Mrs Harper cook Toad-in-the-hole last? Who will Mrs Harper cook Toad-in-the-hole for? Can you imagine that particular recipe? Why does the butcher suggest to buy 15 sausages? What meat are sausages usually made with? Why isn't Mrs Harper planning a barbecue party with grilled sausages instead of Toad-in-the-hole? Why does Mrs Harper easily agrees with the butcher when he recommends to buy 15 sausages? What else does Mrs Harper want to buy? Are the sausages sold per unit or weighed together? How do butchers usually weigh the meat they sell? How much is each sausage, in this case? How much change must the butcher give Mrs Harper after receiving the ten pound banknote? How many slices could the butcher cut if he only used what was left of the first pork pie? Do you tkink Mrs Harper is a good buyer and a good cook? How long has she been a customer? Why does Mrs Harper buy only 3 steak and kidney pies? Why did she go to the market first? What fruit and vegetables has she bought on the market, and how much of each item? Why does Mrs Harper ask for another bag? What will she do after leaving the butcher's shop? Why doesn't Mrs Harper prefer to buy her meat at the supermarket or on the street market? Who supplies Mr Teabone with meat? How often is meat delivered from the slaughter house? What is meat good for, as regards health? Why isn't meat usually recommended for a good diet? What's a well balanced diet like?

Dialogue 19

- You look pretty pale and embarrassed, Sally. What's wrong with you? Are you ill?
- No, I don't think so. Don't worry, daddy. I'll be better next week when you've met Jack.
- Jack? You mean your new boyfriend? By the way, why do you want us to meet him?
- Because I love him, dad. I want to marry him.
- Really? Are you serious? But we don't know him yet. Who is he? What's he like?
- Mmmm! He's wonderful, dad. A would-be genius. I'm sure you'll like him.
- I understand, but… I mean, what's his job?
- Oh, well, he doesn't work yet, actually. Mind you, he's not unemployed. He's a student.
- I see. He must be pretty young, then. Maybe too young to get married.
- Well, he's about… 29.
- That old? He must have undertaken very long studies. Let me guess. Perhaps a doctorate in Sciences like I did thirty years ago?
- No, dad. He's an advanced student in Fine Arts.
- Fine Arts? Goodness me! You mean you're going to marry one of those crazy long-haired artists?
- But how can you say that? You haven't met him yet. He'll be more famous than you are in a few years… Anyway, I'm 19, and whatever you think, I'll have to get married soon.
- What do you mean, "have to"? It's the biggest decision in life, you know. You must think twice before getting married, and the husband's job matters above all. Don't you think so?
- Well…I wish I could wait a little, dad…but…er…it's getting urgent, if you see what I mean…Dad? Are you all right?

Questions : (Imagine your answer when necessary)

When is this conversation taking place? What are Sally and her parents doing while talking? Why is Sally so pale and embarrassed? Why does she want her parents to meet Jack very soon? When and how did Sally meet Jack? Do you think Sally is a student in Fine Arts? (Why/why not?) What does Sally mean when she says her boyfriend is a would-be genius? How old is her father? What does Sally's father want to know about Jack? Do you think they will eventually meet? What made Sally fall in love with Jack? Do you think Jack wants to marry Sally? (Why/why not?) Why does Sally's father suppose Jack is too young to get married? Why is he still a student at 29? Why does Sally's father spontaneously suppose Jack is preparing a doctorate in Sciences? Why does Sally's father think that getting married should only come after getting a job? Why doesn't Sally prefer to live with Jack without getting married, like many people nowadays? How does Sally's father like artists? Would you personally like to live with an artist? Why do artists often have a strange look and a strange way of life, in your opinion? What activities do Fine Arts usually refer to? What does Jack do as an artist and would-be genius? Would you like your daughter to marry an artist like Jack, if you were in the father's situation? Why isn't Sally's mother taking part in this conversation? Where is she? What is she doing? Would you agree to say that getting married is the biggest decision in life? (Why / Why not?) How could Sally's father persuade his daughter not to marry Jack, in your opinion? How far can the husband's or wife's job influence a couple's way of life? (For example?) Why does Sally need to get married as soon as possible? How long has she been pregnant? What happens to Sally's father when he realizes that his daughter is pregnant as well? What will Jack and Sally be able to live on? Could you describe Jack's first exhibition?

Dialogue 20

- Have you sent Mr Perkins' report, Sheila?
- No, I haven't. I'm still waiting for the engineer's agreement.
- Who's the engineer, this time?
- Haven't you read the report, Mr Reagan?
- Well, I'm afraid I had too much work last week because of the exhibition in Glasgow.
- I suppose you know you'll have to read it before Monday's meeting with the manager and the Japanese.
- Of course. Don't worry. I think I'll read it at home during the weekend. Who's the engineer, then?
- Mr Krammer, from L.E.C., I mean, Liverpool Engineering Consultants.
- Why didn't we call one of our engineers for that document?
- Because the Japanese customer preferred an independent point of view.
- I see... And when do you think we'll get the engineer's agreement?
- I've just phoned him. He said he needed some more information about the new automated system.
- And how long did he say he needed?
- One more day. We'll probably have the document with Friday's mail.
- Fine. I hope he agrees with Mr Perkins' point of view. It's difficult enough to negotiate with the Japanese.
- It is, indeed. Particularly when you can't understand their English.

Questions : (Imagine your answer when necessary)

Where is this conversation likely to take place? Who is Sheila? Who is speaking to? Who wrote the report Sheila is supposed to send? What is Mr Perkins' report about? Who must Sheila send Mr Perkins' report to? When should she have sent Mr Perkins' report? What must Sheila wait for before sending the report? How many pages has Mr Perkins written? How many copies of that report are available? Which language is used in that report? Why hasn't Mr Reagan read the report yet? Why couldn't he read it last week in Glasgow? How long was the Glasgow exhibition? How many clients did he meet during that exhibition? How long has Mr Reagan had that report? Why didn't he read it at the Hotel last week? When will Mr Reagan read his colleague's report? What is his wife planning to do next weekend? How can Sheila guess Mr Reagan hasn't read the report yet? Who's Monday's meeting with? How much money is at stake in Monday's deal with the Japanese? When is the delivery for? How long will Mr Reagan need to read the report during the weekend, in your opinion? Who decided to choose an independent consultant? Why did they prefer to choose L.E.C.? Why doesn't the Japanese client trust the company's engineers? What's Mr Krammer like? How much will the consulting service cost? Who will have to pay for that consulting service? Who will give Mr Krammer the piece of information he needs before sending his agreement? How many people will attend Monday's meeting with the Japanese? What should the outcome be? How many Japanese people will come to the meeting? What are their positions in their firm? When should the Japanese visitors land? Who will welcome them at the airport? How long will Monday's meeting be? Where will Monday's meeting take place? Why? Would you personally prefer to negotiate with the Japanese in the morning or in the afternoon? Why do the Japanese prefer to come to Britain, instead of welcoming their supplier in Japan?

Dialogue 21

- Rickmansworth 74769…
- Hello? Is that you, Tony? Linda Miles speaking!
- Oh! How are you, Linda?
- Very well, thanks, in spite of the weather! It's been raining non stop for two weeks, now.
- Yes. It's a pity for gardening. We even had to cancel a picnic last weekend.
- Anyway, I'm phoning you for a friendly invitation, if you're free on Friday night.
- That's good news, indeed, provided it isn't a picnic!
- Of course not. It's an indoor dinner. I've got a new recipe you'll certainly enjoy, Tony.
- No doubt I will, Linda. You've been such a good cook since you came back from France!
- Well, then. Is Friday evening OK for you?
- I think so. Sally's always free after 5 p.m. What time do you want us to come?
- Any time after 7, because Robert plays squash from 5 to 6.30.
- Fine. We'll have to do some shopping in Main Street. Kevin needs a new school uniform. We should arrive at about 7.30 if there isn't too much traffic in town.
- Great! I'm sure we'll have a very good time together with the Palmers.
- The Palmers?
- Yes. The chemists in Dalton Square. You do know them, don't you?
- Er… Yes, of course..but…er…hold on a moment, please. I've just found Sally's diary by the phone, and I wonder if she's free on Friday… Let me check…Friday 24th…oh dear, we're out of luck: she's got a meeting at St John's School. Do you mind if we change the date?

Questions: (Imagine your answer when necessary)

What's Linda Miles phoning Sally and Tony for? When did she call last? What's the weather like? What's Tony's favorite hobby? How long has it been raining? What month is it likely to be? What had Sally and Tony planned to do last weekend? Where were they able to meet their friends? What's the only advantage of that bad weather as regards Tony's garden, in your opinion? Do you think the Miles are rather close friends for Sally and Tony? Why / Why not? How often do these friends invite one another, in your opinion? Where did they meet last? How long have the Miles been Sally and Tony's friends? How did they become friends? Why should Tony enjoy Linda's dinner? How did Linda learn French cooking? How long did Linda stay in France? What was she doing over there? When did she come back? What new recipe is Linda planning to cook for her friends? Why is the invitation on Friday night? Why didn't the Miles invite Sally and Tony sooner to next Friday's dinner party? How long does Linda's husband play squash on Fridays? Who does he usually play with? What will Robert have to do immediately after playing squash and before welcoming his friends? Why are Tony and Sally planning to go shopping in Main Street? How old is Kevin? Assuming the dialogue takes place in Spring, why does Kevin need a new school uniform now? What's Kevin's uniform like? How much will his parents have to pay for his new school uniform? Do you think imposing school uniforms or overalls would be a good idea in French schools? Is coeducation better than separating boys and girls, in your opinion? What may delay Tony and Sally's arrival on Friday? Who are they invited with on Friday? What's Tony's reaction as soon as the Palmers are mentioned? Why does he tell Linda a lie? Why does Tony finally suggest to change the date? Why don't they want to meet the Palmers? What could Linda do, if she didn't understand Tony's reaction? What should she do now?

Dialogue 22

- Mandy?
- What's the matter, Philip?
- Have you seen the order from Newbridge Textiles?
- I think the secretary's just sent it to the Watford factory. Why?
- I'd like to check one or two things. Mike says there's a problem with one of the prices.
- Really? That's strange. I checked that order yesterday afternoon, and I didn't notice any mistake.
- Well, in fact, Mike doesn't agree on the prices his salesman negotiated last week.
- I see. And what does he want you to do, then?
- He wants me to see if we can change the unit price of the Buffalo jeans.
- That's impossible, Philip. It's too late! The customer will never agree.
- Mike also wants me to phone Mr Cullighan, from Newbridge Textiles, to try to negotiate a new agreement.
- That's typical of him! And what are you going to do?
- What can I do, Mandy? Mike is a head of department. I'll phone Mr Cullighan at 11.30. But don't worry, Mandy: you know I'm the best diplomat in the firm.
- And what about the order form?
- We must stop the order process until I can phone Mr Cullighan. When did the secretary send it?
- Er...at 8.30, I think. Do you want me to phone the Watford factory?
- Yes, please. Let's hope they haven't started producing the jeans yet.

Questions : (Imagine your answer when necessary)

What is Philip looking for in Mandy's office? Why isn't the order in her office any longer? Why does Philip want to see the order from Newbridge Textiles as soon as possible? When did Mandy check that order? Why couldn't she find any mistake when she checked it? What's the mistake about? Why is it an embarrassing problem for Philip's boss? What does Mike want Philip to do concerning that order? Who negotiated the wrong price? How did the salesman make such a serious mistake last week? Which item is the problem about? How many jeans are ordered by Newbridge Textiles? What else has that big client ordered? How much is the wrong unit price? How many Buffalo jeans have been ordered? What's the total amount of the order from Newbridge Textiles? Who is Mr Cullighan? How much should the unit price for the Buffalo jeans be, according to the head of department? What percentage does Newbridge Textiles represent in the company's yearly turnover? What could Mr Cullighan ask for, if he accepted to change the unit price and pay more? Why doesn't Mike call Mr Cullighan about this problem, instead of asking Philip to phone? Why is Philip the only person able to solve the problem with Mr Cullighan? What time is this dialogue taking place? When will Philip call Mr Cullighan? Why can't Philip phone Mr Cullighan before 11.30? How does he know he can't phone him now? What must Mandy and Philip do before phoning Mr Cullighan? Who will call the Watford plant? Assuming the firm has several plants, why did they choose the Watford factory for that order? How could Mike penalize the salesman for his mistake if it wasn't the first one? How will Mike reward Philip if he manages to change the unit price of the Buffalo jeans? What do you think of today's price trends as regards Business to Business deals? What do you think of the current evolution of the consumers' purchasing power in your country?

Dialogue 23

- Hello old Fred! How are you?
- Could be worse, Margaret. I suppose you know I've just retired. They don't need me any longer at Midland Textiles.
- So what? Aren't you happy to have retired?
- Well, I suppose I'm not used to it yet. You know, after 40 years in the same factory, it's quite a shock to have nothing to do all day long.
- Nothing to do? Don't say that, Fred! There are so many things to do nowadays!
- Yes, but only time is free, and you have to pay for the rest!
- You're wrong. The most interesting activities aren't always expensive. Don't you like walking, fishing, or reading books from the town library?
- Yes, I do. But if you spend all your time doing the same thing, it becomes as boring as washing up.
- That's because you go on with the same hobbies as before, Fred.
- How do you mean?
- I mean you should try new activities. What you did when you were a foreman was only good for very short holidays. Now you've got all your time, you should do other things, I mean, things you didn't have enough time for when you were at Midland Textiles. Come on... Try to remember what you wanted to do when you were younger...
- Er... I've always wanted to speak Spanish, if that's what you mean...
- Well then! Why not learn Spanish at Watford College? This year's courses start in two weeks. And you'll be lucky to visit Spain in Spring: it's the best season of all.

Questions : (Imagine your answer when necessary)

How old is Fred? Why is Fred in a bad mood? What would he prefer to do instead of being retired? When did Fred retire? How did Midland Textiles celebrate his retirement? What gifts did he get? How long did Fred work at Midland Textiles? How can you guess he is probably an old bachelor? Why is he getting bored, according to Margaret? What does a foreman's job consist in? What cheap activities does Margaret spontaneously suggest? Why does she suggest free activities? What's Fred main problem with his free time? Is Margaret retired yet, in your opinion? Why should Fred change activities according to Margaret? What would Fred like to learn? Why hasn't Fred learnt Spanish up to now? How could he speak Spanish, according to Margaret? Why does Fred find washing up so boring? Why couldn't he learn Spanish through his company? Why does Fred prefer to learn Spanish, and not French or German? What's a hobby? What will Fred be able to do after learning Spanish at Watford College, according to Margaret? Why is Spring the best season to visit Spain, according to Margaret? How will Fred go to Spain? Which part of Spain will Fred prefer to visit, in your opinion? When can he start learning Spanish? What questions will Fred have to ask the College receptionist about their Spanish lessons? How long will Fred need to learn Spanish at Watford College? How much will he have to pay? What would Fred do if he suddenly became very rich? Why can't he find a different job? Why do more and more retired people often have to go on working a little, in your opinion? How old should you be to retire, in your opinion? Why do some people never want to retire? Would most people retire or go on working if they could work on a part time basis after 60? How can society pay for the increasing cost of retirement, given today's population pyramid? Why do most people over 55 wish to retire as soon as possible, in your opinion? Why has Fred never been married?

Dialogue 24

- How many people work at Berkeley Food?
- You mean, here in this plant, or in the whole firm?
- Both if possible.
- Well, there are 22,000 people in all, I mean, including the three factories abroad. But here in Birmingham, there are only 3,450.
- That's quite a lot. Does this number include the administrative staff?
- Yes, it does. About 360 people work in this building, since we're in the head office. They are divided into 12 departments. By the way, which department will you work in?
- The sales department, I think. Mrs Jackson told me I'd work with Mr Redgrave.
- Oh dear! It won't be easy for you. Ronald Redgrave is a very fussy boss. He keeps complaining all day long. He's never satisfied and always bad-tempered.
- Really? Why is he so unpleasant?
- People say it's because he's always wanted to become a member of the Board of Directors. But he isn't good enough to join the big bosses' club.
- I see. But how can he remain in charge of a department with such a bad reputation?
- That's a complete mystery. Perhaps he knows too many things about the most important people in the firm. He's as inquisitive as a private detective!
- Well, I'm not sure I'll stay very long in Berkeley Food... Can I change departments?
- Don't worry. You'll certainly change departments before a year, like most people do in the end, except those who end up with a nervous breakdown.

Questions : (Imagine your answer when necessary)

Why are these two colleagues talking about their company? Where are they talking? What are the key products of this global company? Where are the 3 foreign factories? What do the 3 foreign factories produce? How many employees work abroad? What are usually the main departments in the head office of a global company? Why does the old employee think his young colleague is very unlucky? Why did Mrs Jackson appoint the new employee in Mr Redgrave's department? When was the new employee given this job? Has he met Mr Redgrave yet? What would you do if you were the new employee in Mr Redgrave's department? Why isn't Mr Redgrave dismissed in spite of his unbearable behaviour towards his employees? What does Mr Redgrave know about some of the most important people in the firm? How many members are in the Board of Directors? What is the Board's responsability? How often do the members of the Board meet? How long are their meetings, normally? What's a private detective for? What does a private detective's job consist in? Why do some people prefer to pay private detectives instead of calling the police? What does an executive's reputation usually depend on? Is it always deserved? How can all Mr Redgrave's employees leave the sales department sooner or later? What should employees do when they suffer from sexual or psychological harassment? How could the new employee free Berkeley Food from Mr Redgrave's influence? What's the new employee's function in Berkeley Food, given Mr Redgraves department? Why are companies merging into global groups nowadays? What are the advantages? How would you define globalization? What are the negative consequences of globalization? What does the working atmosphere of a company mostly depend on, in your opinion?

Dialogue 25

- Turn right here, please... Do you know Bob Dingle?
- Bob Dingle? I've only met him once, before. He looks very pleasant. How long has he been working here?
- About ten years, I think. He taught German for about 7 years, then he inherited a family shop from his father, and finally became a partner in this firm in 1985. Can you change lanes here, we're going to take the bridge...
- Has he got a secretary?
- Of course. And I'm sure you've already noticed her. Wendy Doolittle is the most beautiful girl in the company. You know, the tall blond girl who's got a French accent. She's always very sexy with her Parisian clothes...left again, please...
- OK. I admit she's a real fashion model. But I'm more interested in Mr Rover, the head accountant. He isn't married, is he?
- No, but he seems to get on very well with Wendy Doolittle, I'm afraid.
- Don't worry, I was joking... By the way, why has she got that strong French accent?
- Because the Doolittles are from Tours, in fact. Her father is a famous surgeon and they've got a private clinic in that area. Here we are. You can stop opposite that grey building.
- I'm lucky: that red car has just left. And what's her father's speciality?
- Plastic surgery, I think.
- Hummm! No wonder his daughter is so charming! Another one of those silicon girls you can see in magazines...
- Careful, Sarah! You're really getting jealous!

Questions : (Imagine your answer when necessary)

What are these two colleagues doing together while talking about their company? Where are they going? Who is driving the car? Who is showing the way to the meeting place? Assuming the car belongs to Sarah's colleague, why is Sarah driving her colleague's car? How old do you think Bob Dingle is? How old was he when he stopped teaching German? Why did he stop teaching German? What shop did he inherit from his parents? When was it? How long did Bob Dingle keep his parents' shop? Why did he eventually sell his parents shop? Which department does Bob Dingle manage, given his CV before working in this company? How could Bob Dingle find enough money to become a partner in this company in 1985? What does this company sell? What does the bridge cross over? What car are they in? Why does Sarah ask her colleague whether Bob Dingle has a secretary? Who is his secretary? What's Wendy's reputation in the company? How long has Wendy been working in this firm? How old is Wendy, in your opinion? Why does she usually wear fashionable Parisian clothes? How long did Wendy live in France before working here? Where do her parents live and work? Why did her parents settle in France? How long ago did they move to France? Was Wendy born in France or in Britain? Does Wendy's mother work? Where was she born? Why hasn't Sarah noticed Wendy is Mr Dingle's secretary? Who does she prefer in the firm? What's Mr Rover's like? Why can't Wendy speak English with a better accent? How does Sarah's colleague know Mr Rover is interested in Wendy Doolittle? What did he see? How can you guess Sarah is jealous of Wendy Doolittle? Why is Sarah jealous of Wendy? Why is Wendy so beautiful, according to Sarah? Why does Sarah say she's lucky with her car? What is plastic surgery? Why is plastic surgery more and more fashionable nowadays? When is plastic surgery necessary, in your opinion? What are the main risks of plastic surgery?

Dialogue 26

- Excuse me, madam. We're Mr and Mrs Nickson, from Ottawa...
- Nickson? And you're looking for a bedroom, I suppose ?
- Exactly. But we've already made a reservation from the Tourist Board in Victoria Station.
- Oh, I'm sorry, I didn't know. You must have had my daughter-in-law on the phone. Now, let me check on the booking board...Nickson...that's it...two people, room 19.
- Good. Could we visit the room and leave our luggage as soon as possible?
- Certainly. Come with me, please...it's on the first floor...here is your room. It isn't as new as most of our rooms, but I'm afraid it's the only one left.
- We don't mind. It looks comfortable enough for a week's holiday.
- I'm sure you'll like it. But if you spend a week here, I'll give you another room as soon as it's free. Now, the washbasin is here, behind that curtain, with a shower on the right.
- Fine. And what about TV? We were told TV was included.
- Yes, sir, but that's in the TV room downstairs, just opposite the front door. Mind you, you can also rent a set if you prefer. It's £12 a week. But I don't think you're in London to watch TV, are you?
- Of course not. Though it may be interesting to watch the news abroad... Now, what time can we have breakfast?
- Breakfast is served between 7 and 9. You can have it either in your room, or in the dining room downstairs, next to the TV room.
- And where can we have dinner tonight?
- Well, this is only a hotel, but you've got a fish-and-chip shop at the corner of the street, and a Chinese restaurant at the next crossroads, on the left.

Questions : (Imagine your answer when necessary)

Where are these tourists from? Where are Mr and Mrs Nickson coming from right now? What time is it, in your opinion? How did the Nicksons come to Britain? What time did they land? When and where did they book their room? Why didn't they book their room from Canada? How long are they in London for? How long are they in Europe for? Where will they go next? Assuming they landed in Europe ten days ago, which country did they visit before Britain? What are the Nicksons planning to visit in London? What's a Tourist Board for? Why doesn't the lady know the Nicksons have already booked a room in this hotel? Why is the lady sorry about that room? Why can't the lady give them a better room? How many rooms can the hotel offer? How many people can sleep in this hotel when it is full? Why do they want to see their room now? What's the room like? (Wallpaper? Bed? Furniture?) What can they see from the bedroom window? How can the Nicksons watch TV? What category of hotel is it, in your opinion? Why can't the Nicksons find a better hotel? Which floor is their room on? Why can't they use the lift? How heavy are their suitcases? Why is their double room furnished with two single beds? What's between the two beds? Where will they prefer to have breakfast tomorrow morning, and why? What will they have? Why does Mr Nickson think watching the news abroad can sometimes be interesting? How comfortable are the beds? What color are the sheets, blankets and pillows? What do they need to do after visiting their room? Why can't they have dinner here? How can the lady help them concerning dinner? Where can they have dinner, according to her? Where would you rather have dinner if you were Mr or Mrs Nickson, and why? Assuming the hotel is very bad, what will the Nicksons complain about tomorrow morning? Have you ever experienced any hotel or restaurant misadventure? What were the circumstances?

TRADUCTION INDICATIVE INTEGRALE

Dialogue 1

- Jennifer ?... Je vais au centre ville pour acheter un réveil. Tu veux que je t'emmène ?
- Non merci, Bill. J'attends la mère de Lucy. J'aimerais venir avec toi pour faire des courses alimentaires, mais je crains de ne pas savoir à quel moment elle va venir.
- Peut-être qu'elle est en route. Tu veux que je te fasse tes courses alimentaires, alors ?
- Pourquoi pas ? Mais tu ne connais pas le centre ville, n'est-ce pas ?
- Eh bien, dis-moi juste où je dois aller, et je vais dessiner un petit plan... Voilà mon stylo.
- Donc, le centre de Rickie est un peu comme une croix. Le carrefour principal est entre la rue Derby et la Grand-Rue. As-tu remarqué ce grand carrefour avec des feux tricolores ?
- Oui, bien sûr. Il y a un parking dans le coin de droite, et une vielle église à gauche.
- C'est ça. Maintenant, les meilleurs magasins sont dans la Grand-Rue. Si tu tournes à gauche, tu es dans la Grand-Rue. Il y a une poste à droite, juste en face de l'église.
- D'accord. Est-ce que tu crois que je dois laisser ma voiture au parking ?
- Non, il n'y a pas beaucoup de trafic le mardi après-midi. Donc, il te faudra aller à la boulangerie, à la boucherie, et à l'épicerie. Laisse-moi te dire où ça se trouve.
- Je crois que j'ai remarqué une boulangerie à gauche, hier...
- Tu as raison. C'est le troisième magasin à gauche après l'église, en face d'un restaurant chinois. Mais la boucherie que je préfère n'est pas dans la Grand-Rue. Elle est dans South Lane. C'est une impasse à gauche après la boulangerie.
- D'accord. Et l'épicerie ?
- Tu trouveras l'épicerie Rue Cromwell, la deuxième rue à droite, qui va au supermarché de la Place Dalton.

Questions : (Imaginer sa réponse si nécessaire)

Que va faire Bill en ville ? Pourquoi a-t-il besoin d'acheter un réveil ? A quoi sert un réveil, normalement ? Comment sait-on que Bill ne vit pas à Rickie ? Pourquoi Jennifer ne peut-elle pas aller en ville avec Bill ? Que vient faire la mère de Lucy ? Qu'est-ce que Jennifer aimerait faire si elle ne devait pas attendre la mère de Lucy ? Où est-ce que Jennifer veut que Bill achète sa nourriture ? Pourquoi doit-elle expliquer où se trouvent les magasins ? Pourquoi Bill préfère-t-il dessiner un petit plan ? Que devra-t-il écrire d'autre avec son stylo ? A quoi ressemble le centre ville de Rickie ? Quand est-ce que le parking est complet, d'habitude ? Pourquoi Bill devrait-il pouvoir se garer devant chaque magasin ? Combien de fois s'arrêtera-t-il ? Pourquoi Jennifer ne veut-elle pas que Bill achète sa nourriture au supermarché de la Place Dalton ? Où Bill pourra-t-il acheter son réveil ? Que devra-t-il acheter à la boulangerie ? Qu'est-ce que Jennifer veut que Bill achète à la boucherie ? Qu'achètera-t-il à l'épicerie ? Combien (d'argent) Jennifer devrait-elle donner à Bill pour toutes ses courses ? Comment Bill devra-t-il payer ? Que devrait demander Bill pour pouvoir porter tous les produits alimentaires qu'il devra acheter pour Jennifer ? Combien de temps faudra-t-il à Bill pour acheter la nourriture de Jennifer ? Pourquoi n'aura-t-il pas a en acheter pour lui-même ? Combien de magasins sont situés entre l'église et la boulangerie ? Que vendent-ils ? Pourquoi ne devrait-il pas arrêter sa voiture devant la boucherie favorite de Jennifer ? Y a-t-il une boucherie dans la Grand-Rue ? Pourquoi Jennifer préfère-t-elle la boucherie de South Lane ? Quelle rue Bill devra-t-il emprunter s'il veut aller au supermarché pour son réveil ? Comment Jennifer pourrait-elle remercier Bill pour son aide, quand il reviendra du centre ville ? Pourriez-vous dessiner le petit plan de Bill, pour montrer tous les points de repère et les magasins décrits par Jennifer ? Si vous deviez acheter un réveil maintenant, comment serait-il, et comment fonctionnerait-il ? Comment vous réveillez-vous personnellement chaque jour ? Vous levez-vous immédiatement après le réveil ?

Dialogue 2

- Bonjour, M. Kellog. Je suis Deborah Wilson.
- Ah oui. M. Martins m'a parlé de vous hier. Vous cherchez un emploi de secrétaire, n'est-ce pas ?
- C'est cela. Est-ce que M. Martins vous a donné ma lettre ? Je suis désolée de ne pas l'avoir envoyée par la poste.
- Ca ne fait rien, Mlle Wilson. J'ai votre lettre et votre curriculum vitae. Je suppose que vous savez que nous devons remplacer une de nos secrétaires qui vient d'avoir un bébé.
- Oui. M. Martins m'en a parlé. Combien de temps aurez-vous besoin de moi ?
- Quatre ou cinq mois, probablement, mais ça pourrait devenir un travail permanent au bout du compte.
- Vraiment ?
- Oui. Une autre secrétaire se marie en Mars prochain, et elle devra quitter la société parce que son mari est de Nottingham. Bon, je voulais avoir cet entretien pour vous connaître un petit peu, mais vous avez un CV impressionnant. Je comprends pourquoi M. Martins vous à recommandée à moi.
- Eh bien, je suppose que vous savez que je suis une de ses nièces...
- Je sais, mais je ne crois pas que toutes ses nièces parlent l'anglais, le français et l'allemand comme vous. Vous avez à la fois les diplômes et l'expérience, et je crois que vous serez une très bonne employée.
- Je ferai de mon mieux, c'est tout ce que je peux dire.
- Maintenant, avant de travailler ensemble, il faudra que je vous présente à mes collègues, que je vous laisse visiter l'usine avec M. Wakeman, et après avoir déjeuné ensemble, nous discuterons des conditions pratiques de votre nouveau travail.

Questions : (Imaginer sa réponse si nécessaire)

Pourquoi Deborah rencontre-t-ele M. Kellog ? Pourquoi n'a-t-elle pas de travail en ce moment ? Quelle est la durée de son expérience professionnelle ? Quand et comment a-t-elle quitté son dernier emploi ? Comment Deborah a-t-elle fait pour trouver cette opportunité d'emploi particulière ? Qui est M. Martins ? Comment M. Kellog sait-il que Deborah cherche un emploi ? Qui lui a donné la lettre de Deborah ? Pourquoi Deborah n'a-t-elle pas envoyé sa lettre de candidature et son CV par la poste, à votre avis ? Pourquoi M. Kellog a-t-il besoin d'une nouvelle secrétaire ? Comment ce travail pourrait-il devenir permanent ? Dans quel service Deborah devra-t-elle travailler pendant les trois premiers mois, puis ensuite ? Pourquoi M. Kellog n'a-t-il pas anticipé la naissance du bébé, puisqu'il savait certainement que sa secrétaire était enceinte ? Pourquoi la seconde secrétaire devra-t-elle quitter l'entreprise en mars prochain ? Qui va-t-elle épouser ? Combien de temps la seconde secrétaire aura-t-elle travaillé pour M. Kellog quand elle partira en mars prochain ? Pourquoi la seconde secrétaire ne peut-elle pas continuer de travailler dans cette société après son mariage ? Que devra faire cette secrétaire après avoir emménagé à Nottingham ? A-t-elle déjà trouvé un autre emploi ? Pourquoi le CV de Deborah est-il si impressionnant, d'après M. Kellog ? Pourquoi l'entretien est-il si court ? Comment M. Kellog apprécie-t-il M. Martins en tant que collègue, étant donné l'atmosphère de cet entretien ? Pourquoi M. Kellog a-t-il besoin de cet entretien s'il a confiance en son collègue concernant les capacités de Deborah ? Comment Deborah a-t-elle appris le français, l'allemand et l'italien, en supposant une seule langue apprise à l'école ? Quel est le programme du jour pour Deborah ? Quelle est la fonction de M. Kellog dans l'entreprise ? Quel détail pourrait nous montrer que cette société produit probablement des corn flakes et des céréales ? Combien de temps durera la visite de l'usine ? A qui M. Kellog présentera-t-il Deborah ? Qu'y aura-t-il au menu pour le déjeuner ? Quelles sont les conditions pratiques du nouvel emploi de Deborah ? Quelles questions poseriez-vous si vous étiez Deborah pour discuter des conditions pratiques de cet emploi ? Avez-vous jamais connu un entretien d'embauche ? Quels en étaient les circonstances ?

Dialogue 3

- Pardon, Monsieur…quelle ligne de bus dois-je prendre pour aller à Sutton Park ?
- Sutton Park ? Je crois que c'est la ligne 16, un bus vert, normalement. Mais je ne suis pas sûr que vous puissiez trouver un bus à cette heure de la journée.
- Vraiment ? A quelle heure est le dernier bus du soir ?
- 9h ou 9h30, peut-être. Et il est déjà dix heures moins vingt.
- Pourtant, vous attendez bien vous-même à cet arrêt, n'est-ce pas ?
- C'est parce que j'attend une amie qui vient en voiture.
- Je vois. Je ferais mieux d'appeler un taxi, alors. Croyez-vous qu'il y a une cabine téléphonique dans le quartier ?
- Il y en a une au prochain carrefour, en face du pub Half Way. Mais elle est en panne, d'habitude. Voulez-vous que je demande à mon amie de vous emmener en voiture ?
- C'est très gentil ! Merci beaucoup. Vous allez à Sutton Park, vous aussi ?
- Non, nous allons au cinéma voir un film de Woody Allen. Mon amie a dit qu'elle serait là à 9h30, mais elle est en retard…
- Vous allez manquer le début du film si elle doit me conduire à Sutton Park.
- Eh bien, je crois que le film de débute qu'à 10h20, et Sutton Park n'est pas très loin d'ici en voiture.
- Quelle sorte de voiture a-t-elle ?
- Une vieille Austin Allegro… J'espère qu'elle n'a pas eu de problème avec la voiture. Elle a commandé une nouvelle Rover le mois dernier, mais elle ne l'aura pas avant trois semaines.
- Comment s'appelle votre amie ?
- Françoise. C'est une francaise de Lille. Mais ne vous inquiétez pas, elle ne conduit pas comme une " Grenouille " !

Questions : (Imaginer sa réponse si nécessaire)

Où se passe ce dialogue ? Pourquoi cette femme s'adresse-t-elle à l'homme sous l'abribus ? Que va faire cette femme à Sutton Park ? Qui veut-elle rencontrer à Sutton Park ? Comment veut-elle aller à Sutton Park ? Pourquoi ne connaît-elle pas la fréquence ou l'horaire des bus ? Que fait ce monsieur à l'arrêt de bus ? Pourquoi ne prend-il pas sa propre voiture pour aller au cinéma ? Comment ce monsieur sait-il a quelle heure passe le dernier bus pour Sutton Park ? Depuis combien de temps attend-il ? Pourquoi un abribus est-il un bon endroit pour attendre un(e) ami(e) en Grande-Bretagne ? Comment est le Parc de Sutton ? Pourquoi cette dame n'a-t-elle pas de téléphone mobile ? D'où voudrait-elle téléphoner ? Pour quoi faire ? Comment ce monsieur connaît-il le Half Way Pub ? Pourquoi cette cabine téléphonique est-elle habituellement en panne ? Qu'est-ce que ce monsieur suggère de faire ? Pourquoi le pub s'appelle-t-il le " Half Way " Pub ? Que signifie réellement l'expression " to give a lift " (Prendre en voiture) ? Pourquoi le monsieur est-il si serviable ? Pourquoi cette dame croit-elle que les deux amis vont aussi à Sutton Park ? Pourquoi a-t-elle tort ? Comment savons-nous que Sutton Park n'est pas sur le chemin du cinéma ? Pourquoi cela n'a-t-il pas d'importance ? Quel film de Woody Allen les deux amis vont-ils voir ? De quoi parle ce film ? De combien Françoise est-elle en retard ? Pourquoi est-elle en retard ? Pourquoi ce monsieur craint-il un problème de voiture ? Quelle voiture Françoise a-t-elle actuellement ? Pourquoi a-t-elle récemment commandé une autre voiture ? Que fait Françoise en Grande-Bretagne, si nous supposons qu'elle vit dans cette ville ? Quel est son métier ? Pourquoi doit-elle attendre trois semaines avant d'avoir sa nouvelle voiture ? Comment sera la nouvelle Rover ? A quelle fréquence changez-vous de voiture personnellement ? D'où vient Françoise ? Pourquoi a-t-elle quitté Lille ? A quelle heure devrait se terminer le film, en supposant qu'il dure 95 minutes ? Combien coûte la nouvelle Rover ? A quelle heure Françoise arrivera-t-elle enfin à l'arrêt de bus ? Que lui dira le monsieur ? Que signifie le monsieur quand il dit à la dame que Françoise ne conduit pas " comme une grenouille " ? Aimez-vous personnellement les films de Woody Allen ? A quoi ressemble une façon civique de conduire ?

Dialogue 4

- Bonjour, Mme Moore. Puis-je vous aider ?
- Bonjour, M. Short. Mon mari et moi prévoyons un séjour aux USA. Et j'aimerai faire une réservation pour les vols et les hôtels.
- D'accord. Où voulez-vous aller ?
- Nous aimerions visiter New York et Los Angeles. Nous avons l'intenteion de passer 3 semaines là-bas. C'est une sorte de deuxième lune de miel, puisque tous nos enfants sont mariés.
- Je vois. Maintenant, quel jour voulez-vous décoller de l'aéroport d'Heathrow ?
- Le vendredi 24 février, si possible.
- Cela veut dire que vous reviendriez…euh…le vendredi 17 mars, c'est bien cela ?
- Exactement. Quels sont les vols possibles ?
- Laissez-moi vérifier sur l'ordinateur…Il y a le vol British Airways 6005 à 7h45, ou le vol TWA 8994 à 13h55. Et le dernier doit être à 6h20 avec la Canadian Airlines… Et vous pourriez revenir soit sur le vol B.A. 4221, soit sur le vol TWA 8489.
- Parfait. Il faudra que je voie ce que mon mari préfère. Quand vous faut-il la réponse ?
- J'aurai besoin d'une réponse avant jeudi, si vous voulez que je fasse toutes les réservations d'hôtel avant la fin de la semaine.
- A propos, et les hôtels ? Avez-vous une liste de bons hôtels pour nous ?
- Voici notre sélection. Nous recommandons d'habitude le Western Palace de Los Angeles, et le Central Park de New York. Ce sont des adresses de première qualité, et particulièrement pratiques pour visiter la ville. Je vais vous donner une copie de la liste pour votre mari….

Questions : (Imaginer sa réponse si nécessaire)

Où Mme Moore rencontre-t-elle M. Short ? Pourquoi Mme Moore vient-elle dans l'agence de voyage de M. Short ? Que peut faire M. Short pour aider les Moore dans leur projet ? Où voudraient aller les Moore ? Comment M. Short et Mme Moore se connaissent-ils ? Quels états les Moore veulent-il visiter ? Combien de temps pourront-ils passer aux USA ? Que pourront-ils voir à New York ? Combien de temps durera leur premier vol ? Qu'aimeriez-vous visiter si vous alliez en Californie ? Pourquoi les Moore préfèrent-ils réserver leur voyage dans une agence, au lieu d'utiliser Internet ? Pourquoi les Moore considèrent-ils que ce voyage est une sorte de seconde lune de miel ? Combien de vols sont disponibles le 24 février ? Quel vol choisiriez-vous personnellement ? Quand est-ce que les Moore devraient revenir à Heathrow ? Quels souvenirs rapporteront-ils à la maison ? Comment les Moore iront-ils à l'aéroport le 24 février, et comment retourneront-ils chez eux le 17 mars ? Quelle quantité de bagages leur faudra-t-il emporter pour passer trois semaines en Amérique ? (détails...) Pourquoi préfèrent-ils décoller et atterrir un vendredi ? Pourquoi pas un samedi ou un dimanche ? Pourquoi M. Short a-t-il besoin de la réponse des Moore avant jeudi, concernant les hôtels ? Pourquoi Mme Moore préfère-t-elle choisir avec son mari, au lieu de tout réserver maintenant ? Combien les Moore devront-ils payer pour les vols et les hôtels en fin de semaine ? Combien d'argent devront-ils emporter pour visiter et prendre leurs repas ? A quelle heure devront-ils arriver à l'aéroport d'Heathrow s'ils choisissent le vol le plus matinal ? Pourquoi M. Short recommande-t-il les hôtels Western Palace Central Park ? Qu'est-ce qui rend ces hôtels particulièrement pratiques ? De quelle catégorie sont-ils ? Comment réservez-vous personnellement vos vols de vacances ?... et combien de temps avant la période de vacance ? Que devront faire les Moore s'ils veulent visiter la Californie tout seuls ? Que mangeront et boiront les Moore en Amérique ? Avez-vous jamais visité les Etats-Unis ?

Dialogue 5

- Pardon, Madame… Sur quel quai part le train de Windsor, s'il vous plaît ?
- Le quai 6, je crois. Mais si j'étais à votre place, je vérifierais sur l'affichage de la salle d'attente.
- Pourquoi ? J'ai une réservation pour ce train-là, et le départ est dans cinq minutes.
- J'en doute, Monsieur. Votre train n'est pas encore arrivé, je le crains.
- Que voulez-vous dire ? Combien de temps s'arrête-t-il ici, d'habitude ?
- Vingt minutes. Il arrive normalement à 8h50 et ne repart qu'à 9h10.
- Mais c'est terrible çà, vous savez. Je dois prendre un autre train à Windsor à 11h précises. Vous ne pouvez pas avoir d'information sur le train de Windsor ?
- Ma collègue vient d'appeler la gare de Watford, et elle dit que le train a quitté Watford à l'heure habituelle.
- Qu'est-ce qui s'est passé, alors ?
- Je ne peux rien vous dire, Monsieur. C'est peut-être un problème technique, un accident à un passage à niveau, ou même une inondation ! Il a beaucoup plu la nuit dernière, vous savez.
- C'est ridicule ! Vous voulez dire que le conducteur ne peut pas vous téléphoner du train ?
- Pas de ce train-là. C'est une ligne locale, vous savez. Le train que vous attendez a au moins 30 ans.
- Alors qu'est-ce que je peux faire ? Je suppose que je vais manquer mon rendez-vous à Swansea.
- Il y a peut-être une solution. Si vous changez de billet assez vite, vous pouvez prendre le prochain train pour Worcester. Il y a une ligne express entre Worcester et Swansea. Mais je ne peux pas changer votre billet ici. Vous devez faire la queue au guichet 5.

Questions : (Imaginer sa réponse si nécessaire)

Où a lieu ce dialogue ? Qui sont les deux personnes impliquées dans cette situation ? Que cherche le passager lorsqu'il s'adresse à l'employée du chemin de fer. Où est-ce que le passager veut aller ? Pourquoi a-t-il besoin d'aller à Swansea ? Que s'attend-il à faire à Windsor ? D'où vient le prochain train pour Windsor ? A quelle heure est sa correspondance à Windsor ? Quand et comment a-t-il fait sa réservation ? Pourquoi l'employée des chemins de fer lui conseille-t-elle de vérifier son train sur l'affichage ? A quelle cette conversation a-t-elle lieu ? Pourquoi le train de Watford n'est-il pas encore arrivé ? Pourquoi est-il impossible de savoir ce qui est arrivé au train en provenance de Watford ? Comment la dame sait-elle que le problème n'est arrivé qu'après Watford ? Qu'est-ce qu'un passage à niveau ? Pourquoi un problème technique pourrait-il bien expliquer le retard ? Sur quelles lignes sont utilisés les plus vieux trains ? Pourquoi l'hôtesse suggère-t-elle aussi la possibilité d'une inondation ? Pourquoi n'utilisent-ils pas des trains plus récents ? Quelle pourrait être la conséquence du retard pour le passager ? Sur quoi porte rendez-vous ? Qu'est-ce que l'employée du chemin de fer suggère de faire ? Pourquoi n'a-t-il pas choisi la ligne express auparavant ? Que doit faire le passager s'il veut rejoindre la ligne express entre Worcester et Swansea ? Pourquoi la dame ne peut-elle pas changer son billet ici ? Combien de personnes attendent au guichet 5 ? Que devrait faire ce monsieur immédiatement concernant son rendez-vous, à votre avis ? Combien de temps a-t-il pour changer son billet au guichet 5 avant que le prochain train pour Worcester arrive ? Pourquoi y a-t-il une ligne express entre Worcester et Swansea ? Qu'est-ce qu'une ligne locale ? Combien de passagers utilisent cette ligne express quotidiennement, par semaine, par mois, et par an ? Pourquoi le passager n'a-t-il pas entendu une annonce de retard concernant le train en provenance de Watford ? Décrivez la personne que vous pouvez spontanément remarquer parmi les gens qui font la queue au guichet 5. Comment ces gens réagissent-ils au problème auquel ils font face ? Comment réagiriez-vous personnellement ?

Dialogue 6

- Allo ? C'est vous Clara ?
- Oui, c'est Clara Flag. Qui est à l'appareil ?
- C'est Robert Browning.
- Ah ! Comment vas-tu Bob ? Tu es déjà à Birmingham ?
- Oui. Je t'appelle de l'hôtel Redstar. Je viens d'arriver de l'aéroport, et je voulais voir si nous pouvions dîner ensemble.
- C'est une bonne idée. Mais je serai très occupée jusqu'à 20h30, et je crains de ne pas pouvoir te rencontrer à l'hôtel avant 21h. C'est trop tard pour toi ?
- Non, Ca ne me fait rien. Je peux attendre jusqu'à 21h. J'ai pris un repas léger dan l'avion tu sais. Et j'ai besoin d'un bain chaud après 9 heures de vol. Mais on pourrait peut-être se retrouver en ville ?
- Pourquoi pas ? Tu veux que je t'envoie un taxi ?
- Non merci, j'attends déjà un taxi. Je dois aller faire une course pour ma femme avant que les magasins soient fermés.
- Eh bien, dans ce cas, on pourrait se retrouver au Yellow Frog (La Grenouille Jaune). C'est un restaurant français Avenue Dalton. C'est un bâtiment jaune entre un cinéma et une bibliothèque. Tu pourrais réserver une table pour trois personnes, s'il te plaît ?
- Pour trois personnes ? Qui est la troisième personne ?
- Ma secrétaire, Wendy Lowe. J'espère que ça ne te dérange pas si elle vient avec nous…
- Pas du tout, Clara. Tes secrétaires sont toujours charmantes. A quelle heure on peut se retrouver, alors ?
- Disons, entre neuf heures moins quart et neuf heures…ça te va ?

Questions : (Imaginer sa réponse si nécessaire)

Qui appelle Clara Flag ? Pourquoi Robert Browning appelle-t-il Clara ? D'où téléphone-t-il ? Pensez-vous qu'ils sont de bons amis, ou seulement des relations professionnelles ? Pourquoi Clara ne reconnaît-elle pas tout de suite la voix de Robert Browning au téléphone ? Où se situe l'hôtel Redstar ? A quelle distance est-il de l'aéroport ? Comment Bob est-il allé à cet hôtel ? Comment Bob a-t-il fait pour choisir cet hôtel ? Quand a-t-il pris sa réservation pour la chambre ? Quelle chambre lui a-t-on donnée ? A quel étage est-elle ? Combien de temps Bob reste-t-il à Birmingham ? Que peut voir Bob de la fenêtre de sa chambre en téléphonant à Clara ? Quelle heure est-il pendant cet appel téléphonique ? D'où venait Bob quand il a atterri à l'aéroport ? Pourquoi son avion était-il en retard de 30 minutes ? Qu'est-ce que Bob a mangé et bu pendant le vol ? Comment étaient les deux hôtesses de la Classe Affaires ? Pourquoi Bob invite-t-il Clara à dîner ? Est-ce que ce sera un repas d'affaires ou une invitation amicale ? Pourquoi. ? Qu'est-ce que Bob a l'intention de faire avant de retrouver Clara ? Que veut-il acheter pour sa femme ? Pourquoi ne veut-il pas que Clara lui envoie un taxi ? Pourquoi Clara ne peut-elle pas retrouver Bob avant 21h ou 21h30 ? Où Clara aimerai-elle rencontrer Bob ? Pourquoi suggère-t-elle le restaurant Yellow Frog ? Qu'y a-t-il à côté du Yellow Frog ? Qu'y a-t-il au cinéma cette semaine ? A quoi sert une bibliothèque ? Que pourront faire Clara et Bob après le dîner s'ils veulent rester près du restaurant ? Pourquoi Clara veut-elle venir au restaurant avec sa secrétaire ? Comment réagit Bob ? Est-ce la première fois que Clara rencontre Bob avec une secrétaire ? Qui paiera le repas ? A quelle fréquence Clara change-t-elle de secrétaire ? Pourquoi change-t-elle de secrétaires si souvent ? Quelle table donnera-t-on à Bob au Yellow Frog ? Combien de personnes peuvent manger dans ce restaurant ? Comment sait-on que Bob ne connaît pas encore ce restaurant ? A quelle fréquence Bob rencontre-t-il Clara ? De quoi parleront-ils pendant le repas ? Combien de temps passeront-ils au Yellow Frog ? Quelle est la spécialité du Yellow Frog ?

Dialogue 7

- Cindy ! Sais-tu que j'ai vu ton mari à Exeter la semaine dernière ?
- C'est bien possible, Jack. Je ne te l'ai pas encore dit, mais George est allé à Exeter mercredi dernier. Il devait rencontrer un nouveau client.
- C'est bizarre ! Je crois que je l'ai vu jeudi après-midi.
- Tu dois te tromper, Jack.
- Vraiment ? Mais je suis sûr que c'était lui. Il a bien une Triumph bleu foncé, non ?
- C'est vrai. Mais des milliers de gens ont une Triumph bleu foncé, tu sais…
- Allons, Cindy ! Je sais comment est la voiture de ton mari : je lui ai vendu cette voiture en décembre dernier ! Je peux même te dire qu'elle a un choc sur l'aile avant droite.
- C'est intéressant, Jack… Où est-ce que tu l'a vu, alors ?
- Il arrivait à un rond-point, et il y avait beaucoup de trafic. J'allais prendre ma voiture quand je l'ai reconnu. Il était environ 16h. Je les ai vus tourner à gauche en direction de Manor Park.
- Pourquoi ne t'a-t-il pas remarqué, alors ?
- Ben, je suppose qu'il était trop occupé…
- Trop occupé ? Qu'est-ce que tu veux dire, Jack ?
- Eh bien, il n'était pas seul dans la voiture. Je veux dire qu'il conduisait une jeune femme blonde, et ils discutaient et riaient beaucoup. C'est pour ça qu'ils ne m'ont pas remarqué, je suppose.
- Je vois. Ca ne peut pas être notre amie Barbara, elle a les cheveux brun roux…
- Remarque c'était peut-être la cliente de ton mari.
- J'en doute. George m'a parlé d'un certain M. Harper. Mais la dame blonde pourrait bien être sa secrétaire, non ?

Questions : (Imaginer sa réponse si nécessaire)

De quoi Jack veut-il parler ? Qui est Jack, par rapport à Cindy et George ? Pourquoi Cindy n'est-elle pas étonnée d'entendre que Jack a vu George à Exeter la semaine dernière ? Pourquoi Jack et Cindy ne sont-ils pas d'accord sur le jou où George est allé à Exeter ? Pourquoi George est-il allé à Exeter la semaine dernière, d'après Cindy ? Qui était-il censé rencontrer ? Que vend George ? Dans quel but M. Harper a-t-il besoin des produits de George ? Que faisait Jack quand il a vu George ? Pourquoi a-t-il eu assez de temps pour observer George ? En supposant que George est fidèle, pourquoi n'a-t-il pas rencontré son client mercredi, comme prévu ? Comment Jack peut-il être sûr concernant la voiture de George ? Combien lui a-t-il vendu cette voiture en décembre dernier ? Comment s'était produit le choc de l'aile avant droite ? Qui était le précédent propriétaire de cette voiture ? Pourquoi Jack n'avait-il pas réparé le choc de l'aile avant droite avant de revendre la Triumph ? Que faisait Jack à Exeter jeudi dernier ? Qu'allait faire George à Manor Park ? A quoi ressemble Manor Park ? Pourquoi George n'a-t-il pas remarqué que Jack l'observait du rond-point ? Que faisaient George et la jeune dame blonde quand Jack les a vus près du rond-point ? Pourquoi Cindy ne croit-elle pas que la jeune dame puisse être leur amie Barbara ? Comment pourrait-elle se tromper ? Pourquoi la jeune dame blonde ne peut-elle pas être la cliente de George ? Qui peut-elle être, d'après ce que suppose Cindy ? En supposant que George est fidèle, pourquoi n'a-t-il pas parlé à sa femme de la jeune femme blonde d'Exeter ? Pourquoi Jack insiste-t-il autant sur ce fait embarrassant ? Pourquoi veut-il que Cindy s'inquiète ? Que feriez-vous si vous étiez Cindy quand votre mari reviendra à la maison pour le week-end ? Qui est la jeune femme blonde, à votre avis ? Pourquoi était-elle dans la voiture de George à ce moment-là ? Que feriez-vous, si vous étiez l'ami de Cindy, si vous saviez que George était infidèle à sa femme ? Qu'est-ce que Jack devrait dire à George la prochaine fois qu'ils se rencontreront ou se téléphoneront ?

Dialogue 8

- Bonsoir Mesdames et Messieurs et bienvenue pour votre jeu-télévisé favori. Voici le 5ème candidat de la semaine, Mme Sandra Maxwell.
- Je suis enseignante à l'Ecole St John de Watford.
- Quelle matière enseignez-vous ?
- L'histoire.
- Bien. Et je suppose que vous habitez à Watford ?
- Pas vraiment. Nous habitons à St Albans, parce que mon mari y travaille ? Il est employé à la poste locale.
- Bien. Maintenant, voici la première question dans la première enveloppe : Qui gouvernait la France en 1813 ?
- Er…mmm…je crois que c'était Napoléon Premier.
- Parfaitement exact, Mme Maxwell ! Et voici la deuxième question : Qui a envahi l'Angleterre en dernier, et quand exactement ?
- Guillaume le Conquérant, bien sûr. Et je suppose que c'était en…1066 ?
- Très bonne réponse, Mme Maxwell. C'était bien en 1066, quand Guillaume le Conquérant a gagné la bataille d'Hastings. Cela ouvre l'accès à la troisième et dernière question sur l'histoire : Qui était le père de la Reine Elizabeth 1ère ?
- Oh, flûte…je le savais…euh…ce n'était pas James le… Non, ça ne peut pas être ça…
- Allons, Mme Maxwell ! Je suis sûr que vous pouvez le trouver. Il vous reste 10 secondes et…
- Je crois que j'y suis ! C'était le Roi Henry VIII !
- Parfait Sandra ! Vous venez de gagner le prix du jour, et la surprise est dans la quatrième enveloppe…

Questions : (Imaginer sa réponse si nécessaire)

Où a lieu ce jeu ? Quelle heure est-il dans la journée ? Quel jour est-on dans la semaine ? Combien de téléspectateurs regardent ce jeu ? En quoi consiste le jeu ? D'où vient le cinquième candidat de la semaine ? Pourquoi Sandra a-t-elle choisi des questions sur l'histoire ? Depuis combien de temps est-elle enseignante ? Combien d'élèves a-t-elle à l'Ecole St John ? Combien d'heures par semaine enseigne-t-elle ? Quel âge ont ses élèves ? Combien de classes a-t-elle ? Pourquoi le Maxwell préfèrent-ils habiter à St Albans ? Pourquoi n'habitent-ils pas à Watford ? Que fait son mari, en tant qu'employé de poste à St Albans ? Ont-ils des enfants ? Auriez-vous été capable de répondre correctement à ces trois questions sur l'Histoire ? Sur quelle période de l'Histoire préféreriez-vous être interrogé(e) si vous étiez candidat(e) ? Sur quelle matière préféreriez-vous être interrogé(e), si vous étiez candidat(e) à un jeu télévisé ? D'où venait Guillaume le Conquérant quand il a envahi l'Angleterre en 1066 ? Qu'est-il arrivé au Roi Harold, qui défendait l'Angleterre, pendant cette célèbre bataille ? Pourquoi y a-t-il quatre enveloppes pour seulement trois questions ? Qu'y a-t-il dans la quatrième enveloppe ? Qui est le sponsor de ce jeu télévisé ? Comment Mme Maxwell a-t-elle été précédemment sélectionnée ? Qu'est-ce qui fait la célébrité du roi Henry VIII ? Qui était la mère de la Reine Elizabeth 1ère ? Combien de temps a Mme Maxwell pour répondre à chaque question ? Combien de temps dure ce jeu télévisé quotidien ? Avez-vous jamais été candidat(e) à un jeu radiophonique ou télévisé ? Regardez-vous les jeux télévisés ? Si vous étiez sélectionné(e) comme candidat(e), à quel jeu radiophonique ou télévisé préféreriez-vous participer ? ...et pourquoi ? Comment appréciez-vous les " reality shows " et les jeux, en tant que téléspectateur ? Quel nouveau jeu pourriez-vous imaginer ? Qui est d'habitude votre présentateur de télévision favori pour les jeux et les spectacles musicaux ? Quelle question pourriez-vous me poser tout de suite pour tester mes connaissances ? Est-ce que vous aimez les loteries ? A quelle fréquence jouez-vous aux cartes ou à des jeux de société en famille, tels que le Monopoly ou le Trivial Pursuit ?

Dialogue 9

- Eh, Mike ! Tu as vu cette fille blonde ? Tu la connais ?
- Laquelle ?
- Celle-là, là-bas…la fille à la robe blanche, debout près de l'orchestre.
- Ah, je vois. Oui, je la connais. C'est Debbie Paxton. Son père est le directeur d'une grosse société de construction à Coventry.
- Et qu'est-ce qu'elle fait ici, à l'Université d'Aston ?
- Elle est étudiante en première année de Français et d'Informatique.
- Je vois… Et je suppose qu'elle habite à Coventry, non ?
- Non, non, elle habite ici, à Birmingham. Elle a une chambre sur le campus, dans la tour Dalton, je crois.
- Tu connais sa famille ?
- Pas vraiment. Je sais seulement qu'elle a deux frères, mais je ne les ai jamais vus.
- Tu la connais personnellement ?
- Ben, je la rencontre à l'atelier poterie une fois par semaine, le mardi soir. Et avec le groupe de poterie, on va souvent au Pub de l'Union pour boire un verre ou deux.
- C'est ta copine, Mike ?
- Non. J'aimerais bien être son copain, remarque. Mais elle est fiancée à un Français de Paris, et ils se marient en juillet prochain.
- Un Français ?
- Oui, elle dit que les Français sont plus romantiques, tu sais…
- Pffffff ! C'est ridicule !

Questions : (Imaginer sa réponse si nécessaire)

De quoi parlent ces deux étudiants ? Où sont-ils ? D'où vient la musique ? Que veut savoir l'ami de Mike au sujet de la fille blonde ? Pourquoi s'intéresse-t-il à elle ? Pourquoi la fille blonde est-elle seule près de l'orchestre ? Pourquoi son fiancé ne peut-il pas être avec elle aujourd'hui ? Comment Mike connaît-il Debbie Paxton ? Que sait Mike sur la famille de Debbie ? Combien d'employés a le père de Debbie dans son entreprise de construction ? Que construit-il ? Est-ce que la mère de Debbie travaille ? (Pourquoi / Pourquoi pas ?) Combien d'enfants ont les Paxton ? Pourquoi Debbie étudie-t-elle l'informatique ? Que veut-elle faire après l'université ? Pourquoi Debbie étudie-t-elle le français ? Comment, où et quand a-t-elle rencontré son fiancé français ? A quelle fréquence va-t-elle en France ? Où aura lieu sa cérémonie de mariage en juillet ? Que fait le fiancé de Debbie ? Que fera Debbie une fois mariée ? Où vivra-t-elle ? Quelle est la hauteur de la tour Dalton ? Combien d'étages a-t-elle ? Combien d'étudiants vivent sur ce campus ? Pourquoi l'ami de Mike suppose-t-il que Debbie habite à Coventry ? Comment est Debbie ? Bien que Coventry soit près de Birmingham, pourquoi Debbie préfère-t-elle habiter à Birmingham ? Quel âge a Debbie d'après vous ? A quelle fréquence va-t-elle à l'atelier de poterie ? Combien de temps dure l'atelier de poterie chaque semaine ? Quel est l'horaire disponible pour cet atelier ? Pourquoi le pub s'appelle-t-il " Pub de l'Union " ? Quan est-ce que Debbie a été officiellement fiancée à son Français ? Combien d'invités seront conviés au mariage ? Où ira Debbie pour son voyage de noces ? Quels logiciels savez-vous personnellement utiliser sur un ordinateur ? Avez-vous jamais pratiqué la poterie ?Quelles matières étudient Mike et son ami à Aston ? Dans quelle tour du campus vivent-ils ? Que boit Debbie chaque fois qu'elle va au Pub de l'Union ? Quelle quantité boit-elle ? Quels sur objets de poterie travaillent Debbie et Mike cette semaine ? Quand sera la prochaine exposition ?

Dialogue 10

- Tony ?
- Oui ?
- Tu vas à Brisol jeudi ?
- Bien sûr, Sally. Tu sais que je doit travailler a la librairie de mes parents tous les jeudis.
- Est-ce que tu peux dire à ton père d'appeler M. Morrison lundi matin ?
- M. Morrison ? Qui est-ce ?
- C'est un de mes amis de Bath, et je crois qu'il voudrait acheter le magasin de tes parents.
- Comment sais-tu que mes parents veulent vendre leur magasin ?
- Eh bien, je lis juste le journal chaque matin au petit-déjeuner. C'est dans les petites annonces.
- Je vois. Et pourquoi M. Morrison ne téléphone pas à mes parents, alors ?
- Je suppose qu'ils ont un faux numéro...
- Tu as peut-être raison. En fait, ils ont le même N°, mais le code local est différent. Alors, quel est le N° de téléphone de ton ami à Bath ?
- Le 44 62 33, et son adresse de travail est au 67 Rue Tudor. Je crois qu'il n'a pas de télécopieur.
- C'est parfait. Le numéro de téléphone suffit. Et à quelle heure ils peuvent l'appeler ?
- N'importe quand entre 8h30 et midi. Mais, s'il te plaît, dis-leur qu'il ne travaille pas l'après-midi.
- Merci. Je suppose que M. Morrison est très riche.
- Que veux-tu dire, Tony ?
- Je veux dire que mes parents ont besoin d'environ 150.000 livres.
- Bonté divine ! Et qu'est-ce qu'ils veulent faire de tout cet argent ?
- Ils vont partir en retraite et acheter un ketch de 32 pieds pour le soixantième anniversaire de mon père.

Questions : (Imaginer sa réponse si nécessaire)

Pourquoi Sally veut-elle savoir si Tony va à Bristol jeudi ? Pourquoi Tony doit-il aller à Bristol tous les jeudis ? Comment va-t-il à Bristol, d'habitude ? Pourquoi les parents de Tony ont-ils besoin que leur fils les aide à la librairie chaque jeudi ? Qui est M. Morrison ? Comment sait-il que la librairie est à vendre ? Combien coûte la librairie ? Pourquoi les parents de Tony vendent-ils leur librairie ? Que veulent-ils faire avec cet argent ? Quel est le chiffre d'affaires annuel de la librairie ? Quel profit procure-t-elle chaque mois ? Pourquoi M. Morrison veut-il acheter cette librairie particulière ? Où est-elle située ? Quelles sortes de livres peut-on trouver dans une librairie ? Que peut-on y acheter d'autre, en dehors des livres ? Comment Sally sait-elle que la librairie est à vendre ? Depuis combien de temps est-elle dans les petites annonces ? En combien de temps M. Morrison s'attend-il à amortir son investissement s'il achète le magasin ? Pourquoi Sally lit-elle les petites annonces chaque matin au petit-déjeuner ? A quoi servent les petites annonces ? Avez-vous jamais utilisé les petites annonces pour vendre ou acheter quelque chose ? Combien coûte une petite annonce, selon vous ? Pourquoi M. Morrison ne peut-il pas téléphoner aux parents de Tony ? Quel est leur nouveau code local ? Quand a-t-il changé ? Pourquoi les parents de Tony n'ont-ils pas changé le code local sur la petite annonce ? A quelle distance de Bath se situe Bristol ? Pourquoi Sally préfère-t-elle que les parents de Tony téléphonent à M. Morrison ? Qui sont les clients de cette librairie ? Pourquoi les parents de Tony doivent-ils appeler M. Morrison le matin ? Quel est le travail actuel de M. Morrison ? Que fait M. Morrison l'après-midi ? Combien d'assistants vendeurs ont les parents de Tony ? Qu'est-ce que M. Morrison changera dans le magasin et sa gestion s'il achète cette librairie ? Pourquoi Tony ne s'intéresse-t-il pas à la librairie de ses parents ? Quand les parents de Tony ont-ils acheté leur magasin ? Que font les parents de Tony chaque fois que leur fils les remplace dans leur magasin ? Pourquoi M. Morrison devrait-il être très riche, d'après Tony ? Qu'est-ce qu'un ketch de 32 pieds ?

Dialogue 11

- Salut Sue !
- B'jour Brian ! Comment va ta mère, aujourd'hui ?
- Elle va mieux, merci. M. Young est vraiment un bon docteur.
- Je peux la voir ?
- Non. J'ai bien peur quelle dorme en ce moment.
- C'est le meilleur médicament. Donc, je suppose que tu viens avec nous, alors ?
- Non, Sue. Je suis désolé, je ne peux pas. Maman veut que je reste avec elle aujourd'hui parce que mon père travaille à Windsor cette semaine, et je crois qu'il ne peut pas revenir avant 17h.
- Tant pis, Brian. Je vais au supermarché avec Clara. Tu veux qu'on achète quelque chose pour ta mère ?
- Pourquoi pas…euh…laisse-moi réfléchir… Tu pourrais lui acheter un ou deux magazines et journaux ?
- Certainement. C'est la meilleure chose à faire quand on doit rester au lit. Qu'est-ce qu'elle préfère lire ?
- Oh, tu peux acheter le Daily Telegraph, Maison & Jardin, ou Newsweek. Et je crois qu'il y a un article spécial sur la Nouvelle-Zélande dans le Guardian. Tu sais qu'elle adore la Nouvelle-Zélande.
- Est-ce qu'elle lit le Daily Mirror ?
- Ben, d'habitude non, sauf quand elle est chez mon frère. Laisse-moi te donner de l'argent Sue.
- Certainement pas, Brian. Je peux bien payer les magazines de ta mère, tu sais.
- Merci beaucoup pour elle.
- De rien, Brian. Ta mère est la meilleure amie de mes parents, après tout. A tout à l'heure !

Questions : (Imaginer sa réponse si nécessaire)

Où a lieu ce dialogue ? Pourquoi Sue questionne-t-elle Brian sur la santé de sa mère ? Pourquoi la mère de Brian doit-elle rester au lit ? Depuis combien de temps est-elle malade ? Quand le Dr Young lui a-t-il rendu visite ? Pourquoi Brian pense-t-il que le M.Young est vraiment un bon docteur ? Qu'y a-t-il sur l'ordonnance du Dr Young ? Combien de temps la mère de Brian devra-t-elle rester au lit ? Pourquoi Brian ne peut-il pas aller faire des courses avec Sue ? Pourquoi la mère de Brian veut-elle que son fils reste avec elle ? Pour quoi (faire) en a-t-elle besoin ? Quel est le meilleur remède selon Sue ? Dans quel but Sue et Clara vont-elles faire les courses ? Est-ce que le père de Brian travaille à Windsor ? Que fait le père de Brian à Windsor cette semaine ? A quelle heure Brian pourra-t-il quitter sa maison aujourd'hui s'il veut voir Sue et Clara plus tard ? Qu'est-ce que Brian conseille à Sue d'acheter pour sa mère ? Où Sue achètera-t-elle les magazines ? Combien de temps faudra-t-il à Sue pour faire les courses et acheter les journaux et les magazines ? A quelle heure Sue reviendra-t-elle chez Brian ? Combien dépensera-t-elle pour la mère de Brian ? Comment Brian pourra-t-il remercier Sue pour les journaux et les magazines quand elle reviendra plus tard ? Pourquoi Brian recommande particulièrement à Sue d'acheter le Guardian ? Quelle est la longueur de cet article ? Comment Brian sait-il qu'il y a un article spécial sur la Nouvelle-Zélande dans le Guardian ? Pourquoi la mère de Brian aime-t-elle tant la Nouvelle-Zélande ? Que savez-vous de ce pays ? Pourquoi la mère de Brian ne lit-elle pas d'habitude le Daily Mirror ? Quelle sorte de journal est-ce ? Qui est abonné au Daily Mirror dans la famille de Brian ? A quelle fréquence Newsweek paraît-il ? A quoi ressemble Maison & Jardin, en tant que magazine mensuel ? Pourquoi Sue ne veut-elle pas (de) l'argent de Brian ? Pourquoi la mère de Brian préfère-t-elle lire des magazines au lieu de lire des romans ou des policiers ? Qu'est-ce que Brian devrait suggérer à Sue de faire plus tard si sa mère s'est réveillée entre temps ? Qu'est-ce qu'un bon docteur, à votre avis ? Pour quelle chose Windsor est-elle une ville célèbre ? Pourquoi Clara ne pourra-t-elle pas rester très longtemps chez Brian quand elle reviendra tout à l'heure ?

Dialogue 12

- Est-ce que tu sais où on fera le pique-nique de dimanche, David?
- Je crois que sera au Mont Greenrock, cette fois-çi.
- Pourquoi pas près du canal ou du lac, comme d'habitude?
- Parce que la météo est incertaine, et puis les Paxton ne connaissent pas le Château de Greenrock, vois-tu. Le donjon est pratique quand il pleut.
- Qu'est-ce que tu va apporter au pique-nique?
- Eh bien, je suppose qu'on achètera les boissons, comme d'habitude. Et notre fille Marian dit qu'elle aimerait faire un gros gâteau. Je crois que ce sera un gâteau au chocolat. C'est sa spécialité, tu sais. A propos, les Norton viennent avec nous. Ce sont nos amis de Banbury.
- Je serais heureuse de les rencontrer. Et qu'est-ce que tu veux qu'on apporte, alors?
- Laisse moi réfléchir… Les Parker achèteront de la charcuterie, et je crois que tes cousins veulent apporter de fromage français avec la salade. Pourquoi ne pas acheter une ou deux pizzas comme entrée?
- C'est une bonne idée, David. Je dirai à maman d'aller acheter des pizzas au centre commercial.
- Oh, s'il te plaît, Betty, pas au centre commercial! La pizzéria de la place Fox est bien meilleure.
- D'accord. Je lui dirai. Et quelle sorte de pizza on peut apporter?
- Les Margaritas sont très bonnes, avec du jambon, des champignons, de la tomate et du fromage. Mais si tu aimes les fruits de mer, tu peux aussi acheter une Neptune. Bien que je ne pense pas que les Parker aiment les fruits de mer.
- Parfait! On se retrouve chez mes cousins, comme d'habitude?
- Non, Jackie. La gare est un meilleur lieu de rencontre parce que les Norton ne connaissent pas du tout Stratford.

Questions : (Imaginer sa réponse si nécessaire)

A quelle fréquence ces amis organisent-ils un pique-nique? Combien de familles viennent cette fois-çi? Combien de personnes viendront au pique-nique de dimanche? Combien de voitures leur faudra-t-il? Où est-ce que ces amis font leur pique-nique, d'habitude? Où sera-t-il organisé cette fois-çi? Pourquoi? Pourquoi ces amis préfèrent-ils d'habitude organiser leurs pique-niques près du lac ou du canal? Quel âge a le Château de Greenrock? Quand a-t-il été construit? Qu'est-ce qu'un donjon? Pourquoi pourrait-il être pratique? Quelles boissons la famille de David apportera-t-elle au pique-nique? Pourquoi Marian devrait-elle apporter un gâteau au chocolat? Est-ce que Jackie connaît les Norton? De qui les Norton sont-ils les amis? D'où sont-ils ? Quelle sorte de charcuterie les Parker apporteront-ils? Pourquoi préfèrent-ils habituellement apporter la viande? Qu'est-ce que David suggère à Jackie d'acheter comme entrée? Combien de pizzas la mère de Jackie devra-t-elle acheter ? Où est-ce que la mère de Jackie achète ses pizzas, d'habitude ? Pourquoi ne les achète-t-elle pas place Fox? Où est-ce que David recommande d'acheter les pizzas? Pourquoi la mère de Jackie ne peut-elle pas faire les pizzas? Comment David sait-il que les pizzas sont bien meilleures à la place Fox qu'au centre commercial? Quels sont les principaux ingrédients d'une Margarita? Quels ingrédients peut-on trouver sur une Neptune? Combien de Margaritas et de Neptunes achèteriez-vous personnellement pour dix adultes et quinze enfants? Quel est l'altitude du Mont Greenrock? Comment peut-on atteindre le Château de Greenrock à partir du parking? Que peut-on voir du sommet du donjon? Que feront les enfants après avoir mangé leur pique-nique? Que feront les parents après avoir mangé leur pique-nique? Combien de temps resteront-ils sur le lieu du pique-nique? Sur quoi portent les conversations quand les hommes et les femmes bavardent séparément après un pique-nique? Qui devra quitter le lieu du pique-nique en premier, et pourquoi? Que pourraient-faire les amis s'ils pleuvaient? Où est-ce que ces amis se retrouveront avant d'aller au site du pique-nique? A quelle heure devront-ils se retrouver? Où se retrouvent-ils d'habitude? A quelle distance de Stratford se trouve Greenrock? Combien de temps faut-il pour y aller? Pourquoi le lieu de rencontre est-il différent cette fois-ci ?

Dialogue 13

- Entrez, Mlle Sullivan. Je vous en prie, asseyez-vous.
- Merci, M. Summers.
- Alors, j'ai votre lettre ici. Vous êtes Sally Sullivan, étudiante de première année à Aston College, et le problème est que vous ne pouvez pas habiter sur le campus. C'est bien cela?
- C'est ça. Je veux dire, j'aimerais bien vivre sur le campus, mais il n'y a plus de place, malheureusement.
- Bon, ne vous inquiétez pas. Il y a d'autres solutions pour vous. J'ai deux ou trois chambres chez l'habitant en ville, pas trop loin de votre collège.
- C'est à dire?
- Eh bien, la première est Rue Turner. Si vous preniez l'Avenue Darwin de la gare vers la Place Milton, c'est la deuxième rue à gauche, en face du cinéma.
- D'accord. C'est quel prix?
- 50£ par semaine, je crois...oui, c'est bien ça. Mme Bell, 67 Rue Turner... Maintenant, la deuxième est chez une vieille dame, Mlle Webster. L'adresse est au 89 Route d'Aston. C'est la rue en face de la gare, juste entre Darwin Avenue et le pont... Mais c'est un prof de musique en retraite, et elle joue du violon.
- Mince, alors! C'est pas idéal pour étudier la médecine, hein ? Et la troisième adresse?
- La troisième adresse est celle des Flint, pour 56£, Rue Purcell. C'est la rue qui va de la Place Milton jusqu'au rond-point à l'autre bout de la Route d'Aston. C'est dans un grand immeuble à droite en venant de la Place Milton, juste entre le commissariat et la poste? Et l'adresse des Flint est au 44 Rue Purcell... Alors, quel est votre choix?

Questions : (Imaginer sa réponse si nécessaire)

Où est-ce que Mlle Sullivan rencontre M. Summers? Pourquoi Sally a-t-elle besoin de rencontrer M. Summers? Comment M. Summers sait-il que Sally cherche un logement? Que peut-il faire pour elle? Pourquoi Sally ne peut-elle pas trouver de chambre sur le campus? Pourquoi ne reste-t-il plus de chambre pour elle sur le campus? Que vient faire Sally dans cette ville? Qu'a-t-elle l'intention d'étudier à Aston College? Qu'est-ce que Sally veut devenir après avoir terminé ses études médicales à Aston College? Comment M. Summers cherche-t-il des adresses possibles de chambres chez l'habitant pour les étudiants? Combien d'adresses possibles M. Summers peut-il recommander à Sally? Pourquoi pas plus (que cela)? Qu'est-ce qui rendrait la première adresse particulièrement pratique pour une jeune étudiante? Pourquoi Sally n'est-elle pas intéressée par la deuxième adresse? Quel âge a la prof de musique en retraite? Laquelle des trois adresses possibles est sans doute la plus proche d'Aston College? Pourquoi? Pourquoi Sally n'a-t-elle pas pu partager un appartement avec quelques autres étudiants d'Aston College? Pourquoi Sally n'a-t-elle pas pu anticiper et essayer de réserver une chambre avant que le campus soit complet? Quelle adresse choisiriez-vous personnellement si on vous donnait le même choix? Pourquoi? Qu'est-ce qui pourrait rendre la troisième adresse particulièrement pratique pour une jeune étudiante? Pourriez-vous dessiner cette partie de la ville, pour situer touts les points de repère donnés dans ce dialogue? Où pensez-vous que se situe Aston College? Qu'y a-t-il sous le pont près de la gare? Que devra faire Sally après avoir rencontré M. Summers? A qui téléphonera-t-elle en premier? Qu'est-ce que Sally demandera aux propriétaires qu'elle appellera immédiatement après avoir rencontré M. Summers? De quels critères tiendriez-vous compte pour choisir la meilleure adresse, si vous étiez à la place de Sally? Avez-vous jamais vécu sur un campus? Où habitiez-vous quand vous étiez étudiant(e)? (Où habitez-vous si vous êtes étudiant(e)? Quels sont les principaux avantages d'une chambre chez l'habitant, d'un appartement partagé, ou d'une chambre de campus? Quels sont les principaux désavantages d'une chambre chez l'habitant, d'un appartement partagé, ou d'une chambre de campus?

Dialogue 14

- Bonjour M. Matthews. Je cherche Sally? Elle est là?
- Je crains qu'elle soit en ville avec sa mère. Je crois qu'elles voulaient acheter des livres pour l'école.
- Ah, je vois. Ce ne serait pas un dictionnaire?
- C'est çà. Comment tu le sais?
- Eh bien, c'est pour l'espagnol, voyez-vous. Mme Lopez veut qu'on ait tous le même dictionnaire.
- C'est typique des profs du secondaire. Bref, je suppose qu'elles seront de retour dans quelques minutes, si ça ne te fait rien d'attendre jusqu'à 10h30.
- Oh, c'est bon. Il est presque et quart. Je peux les attendre ici dans votre jardin?
- Bien sûr, Linda. Au fait… Pourquoi veux-tu voir Sally?
- Ben, on va faire un pique-nique en bord de mer, à West Beach, vous savez. C'est une si belle journée pour pêcher et aller se baigner!
- C'est vrai. Et c'est avec qui, ce pique-nique?
- Avec quelques amis de l'école. Nous sommes huit, environ.
- Des amis d'école, dis-tu… De William Penn School?
- Oui, M. Matthews. Je suis sûre que vous connaissez la plupart d'entre eux. On est toujours ensemble…
- Je sais, mais, je veux dire…est-ce que Jack Anderson y va cette fois-çi?
- Bien sûr ! Vous savez bien que c'est le petit copain de votre fille.
- Eh bien, c'est là le problème, Linda. C'<u>était</u> le petit copain de Sally jusqu'à hier soir.
- Vraiment. Qu'est-ce que vous voulez dire? Qu'est-ce qui s'est passé?
- Je ne sais pas encore, mais ça ne me surprend pas: je n'ai jamais apprécié ce garçon. Peut-être qu'elle t'expliquera quand elle reviendra.

Questions : (Imaginer sa réponse si nécessaire)

Où a lieu cette scène? Quelle heure est-il dans la matinée? Que vient faire Linda? Pourquoi Sally n'est-elle pas chez elle? Avec qui est-elle allée en ville? Que doit-elle acheter en ville? Pourquoi Sally n'est-elle pas allée au centre ville toute seule? Comment est-elle allée en ville avec sa mère? Que faisait M. Matthews dans son jardin quand Linda est venu inviter son amie? Pourquoi Mme Lopez veut-elle que tous ses élèves aient le même dictionnaire? D'où vient Mme Lopez? Depuis combien de temps Mme Lopez enseigne-t-elle l'espagnol à William Penn School? Quel âge a-t-elle? Comment Sally et Linda se connaissent-elles? Pourquoi Sally et sa mère doivent-elle être de retour chez elles à 10h30? Combien de temps Linda devra-t-elle attendre son amie? Quel temps fait-il? Que veulent faire les camarades d'école aujourd'hui? Que doivent-ils faire avant d'aller à West Beach? Que mangeront-ils et que boiront-ils à West Beach? Que feront les camarades d'école autour de West-Beach? A quelle distance de la ville se trouve West Beach? Comment les camarades d'école iront-ils à West Beach? Pourquoi M. Matthews veut-il savoir qui va participer au pique-nique? Qui est Jack Anderson? A quoi ressemble Jack Anderson? Pourquoi M. Matthews n'a-t-il jamais apprécié Jack Anderson? Que s'est-il passé hier soir? Pourquoi Sally a-t-elle eu une dispute avec son petit ami? De qui est-ce la faute? (Qui est fautif?) Pourquoi Linda n'est-elle pas au courant du problème entre Sally et Jack Anderson? Quand devrait-elle être (mise) au courant? Est-ce que Sally est déprimée ou soulagée? Est-ce que Linda dira à son amie que Jack Anderson vient au pique-nique? Iriez-vous à West Beach si vous étiez Sally, après ce qui s'est passé hier soir avec Jack? En supposant que M. Matthews sache tout, pourquoi ne veut-il donner aucun détail à Linda? Depuis combien de temps Jack Anderson était-il le petit ami de Sally? Comment s'étaient-ils connus et étaient-ils tombés amoureux? Quel âge les garçons et les filles devraient avoir pour tomber amoureux, à votre avis? Comment les parents peuvent-ils les contrôler? Qu'est-ce que les parents devraient recommander aux ados de faire pour éviter de contracter le SIDA et d'autres maladies?

Dialogue 15

- Prend un peu plus de toasts, chéri. N'oublie pas que tu n'as qu'un sandwich à midi le jeudi.
- Non merci. J'ai déjà pris trop de céréales ce matin. Et il est déjà et vingt.
- Tu as raison. Les enfants t'attendent.
- Qu'est-ce que tu veux dire, chéri? Ils devraient être en route pour l'école…
- Allons, Steve! Je t'ai parlé de la grève des bus hier soir. Peut-être que tu ne m'écoutais pas, mais je suis sûre de t'en avoir parlé.
- Oh, flûte! Je vais être encore en retard au bureau. M. Baxton n'aime pas ça, tu sais. Au fait, j'espère que tu te rappelles qu'il vient dîner chez nous.
- Bien sûr, mon amour. J'irai faire des courses ce matin? Tu as interrogé sa secrétaire sur ce qu'il préfère manger?
- Eh bien, je suis désolé, Diana. On a tellement de travail que je n'ai pas encore eu le temps. Tu veux que je t'appelle du bureau avant que t'ailles faire les courses?
- Oui, s'il te plaît. Mais n'oublie pas, cette fois-çi. Tu m'as dit que cette invitation pourrait changer ta carrière à la banque. Un bon dîner peut beaucoup y aider, tu sais…
- Tu as raison, Diana. J'essaierai de voir Mlle Perkins et de te téléphoner avant 10h, d'accord?
- Parfait. Au fait, est-ce que tu sais à quelle heure arrivera M. Baxton ?
- Je lui ai dit de venir vers 19h30. Mais il faudra que je lui explique la route, puisqu'on ne peut pas venir ensemble. J'espère que tout se passera bien.
- Ne t'inquiète pas, chéri. Je porterai ma robe rouge. Elle est assez courte pour rattraper ma cuisine!

Questions: (Imaginer sa réponse si nécessaire)

Quelle heure est-il? Pourquoi Steve devrait-il prendre un petit-déjeuner copieux le jeudi, d'après sa femme? Pourquoi Steve ne prend-t-il qu'un sandwich à midi le jeudi? Qui est en train de l'attendre? Pourquoi les enfants attendent-ils leur père? Depuis combien de temps les chauffeurs d'autobus sont-ils en grève? Pourquoi les chauffeurs d'autobus sont-ils en grève cette semaine? Quel est le sandwich favori de Steve? Pourquoi Steve ne prend-t-il pas un sandwich fait maison tous les jeudis? Qui est Mlle Perkins ? Que faisait Steve hier soir quand Diana lui a parlé de la grève des autobus? Et que faisait Diana? Croyez-vous que l'école des enfants soit sur le chemin du bureau de Steve? (Pourquoi / Pourquoi pas?) Quel retard Steve aura-t-il au travail aujourd'hui? Pourquoi les enfants ne peuvent-ils pas aller à l'école à pied? Comment sait-on que Steve a été en retard à son bureau récemment? Que s'était-il passé ce jour-là? Pourquoi Steve a-t-il invité M.Baxton à dîner? Quand l'a-t-il invité? …Dans quelles circonstances? Qu'est-ce que Diana a besoin de savoir avant d'aller faire les courses? Est-ce que Steve a déjà invité M. Baxton? Comment Steve pourra-t-il savoir ce que son patron préfère manger? Quel est le plat favori de M. Baxton? Comment Mlle Perkins sait-elle ce que son patron prèfère manger? Où est-ce que Diana ira faire les courses? Comment Steve peut-il faire pour questionner Miss Perkins aussi discrètement que possible sur ce que son patron préfère manger? Pourquoi Steve doit-il appeler Diana avant 10h? Pourquoi Steve et M. Baxton ne peuvent-ils pas venir ensemble ce soir? Que devra faire M. Baxton après avoir quitté son bureau, et avant d'aller chez Steve? Qu'est-ce que M. Baxton pourrait apporter pour Diana? …pour Steve? Où pourra-t-il acheter ses cadeaux? Pourquoi M. Baxton vient-il seul à ce repas? Pourquoi Diana veut-elle porter sa robe rouge? Comment sait-on que Diana n'est pas (une) bonne cuisinère? Combien de temps M. Baxton restera-t-il chez Steve? A quelle heure M. Baxton quittera-t-il ses hôtes? Comment appelle-t-on une personne qu'on invite chez soi? Est-ce que ce repas sera professionnellement une réussite, à votre avis? Quel pourrait en être le résultat? Appréciez-vous le fait de mélanger les vies privée et professionnelle? Est-qu'un(e) collègue peut devenir un(e) bon(ne) ami(e) ?

Dialogue 16

- Allo? C'est Mme Rover? Barbara Fox à l'appareil...
- Non, c'est Mr Rover à l'appareil. Comment allez-vous Mme Fox?
- Très bien, merci. Euh, je voulais juste savoir... Est-ce que votre fille est à l'école ce matin?
- Wendy, vous voulez dire? Bien sûr. Et elle doit être avec vos enfants, je suppose.
- Oui, ils sont tous les deux à l'école? Mais je me demandais si votre femme pourrait me rendre service et ramener les enfants à la maison aujourd'hui. La Volkswagen est encore en réparation, vous comprenez...
- Eh bien, ma femme n'est pas là jusqu'à vendredi. Elle est allée voir sa mère qui est à l'hôpital. Mais ne vous inquiétez pas, Mme Fox: j'irai les chercher tous à Hampton School.
- Oh, merci beaucoup, vraiment! Mais vous êtes sûr qu'ils quittent l'école à la même heure?
- Eh bien, laissez-moi réfléchir... D'habitude, Wendy sort à 17h le mardi. Et vos fils?
- A quatre heures et quart, normalement. Oh, comme je suis bête! J'aurais dû vous appeler hier.
- Eh bien, pas besoin de s'inquiéter, Mme Fox. Il n'est pas trop tard pour avertir vos enfants.
- Que voulez-vous dire?
- Je veux dire que vous devriez appeler Hampton School avant la prochaine récréation.
- C'est une bonne idée. Je vais appeler la secrétaire du directeur, et...
- Eh bien, si j'étais vous, j'appellerai M. Summers, puisque son bureau est à côté des classes de vos fils.
- Vous avez raison, M. Rover. Je vais laisser un message à M. Summers. A quelle heure y serez-vous?
  Vers 17h10. Dites juste à vos enfants d'attendre Wendy à l'extérieur du labo de langues et de rester avec elle
  jusqu'à ce que j'arrive.

Questions: (Imaginer sa réponse si nécessaire)

A qui Barbara veut-elle parler? Pourquoi Mme Rover ne répond-t-elle pas à l'appel téléphonique de Barbara? Quelle heure est-il, à votre avis? Pourquoi M. Rover est-il chez lui un mardi après-midi? Qu'est-ce que Barbara voudrait que Mme Rover fasse? Pourquoi Barbara ne peut-elle pas ramener ses enfants à la maison? Quel est le problème avec la Volkswagen? Comment peut-on deviner que c'est sans doute une vieille voiture? Pourquoi les Fox n'achètent pas une autre voiture, si leur volkswagen n'est plus assez fiable? Depuis combien de temps ont-ils cette Volkswagen? Quel modèle est-ce? De quelle couleur est-elle? Comment sait-on que la voiture de Barbara est sans doute tombée en panne hier? L'a-t-elle utilisée ce matin? Qui a conduit les enfants à l'école ce matin? Pourquoi son mari ne peut-il pas ramener les enfants à la maison? Où est Mme Rover? Pour combien de temps est-elle avec sa mère? Qu'est-il arrivé à sa mère? Quand Mme Rover est-elle allée voir sa mère? Pourquoi ne peut-elle pas revenir avant vendredi? Comment Mme Rover et sa mère peuvent-elle occuper leur temps à l'hôpital? Quel est le numéro de la chambre? Pourquoi y a-t-il un problème avec l'horaire des enfants à l'école? Que devrait faire Barbara? Quel message laisseriez-vous au téléphone si vous étiez Barbara? Quand est la prochaine récréation? Combien de temps les enfants de Barbara devront-ils attendre Wendy après avoir terminé leur journée d'école? Comment M. Rover ira-t-il chercher les enfants de Barbara à l'école? Quelle voiture a-t-il? Pourquoi M. Rover pense-t-il que Barbara devrait appeler M. Summers? Est-ce que Barbara a des jumeaux? Qui d'autre Mme Fox pourrait-elle appeler si M. Rover n'était pas chez lui ou ne pouvait pas l'aider? A quoi sert un laboratoire de langues? Que peut-on faire pendant une séance en laboratoire de langues? Pourquoi les enfants de Barbara ne peuvent-ils pas revenir chez eux en bus, étant donné les ciconstances? Comment les enfants de Barbara devraient-ils occuper leur temps en attendant que Wendy quitte le labo de langues? Comment les Fox connaissent-ils les Rover? Comment alliez-vous à l'école quand vous étiez jeune? Pourquoi ? Quelle amélioration pourriez-vous suggérer pour économiser de l'argent et du carburant sur le transport scolaire?

Dialogue 17

- Dis-moi, Bernie… Tu habites toujours à Stamford?
- C'est exact, Kate. Pourquoi?
- Parce qu'on va déménager à Stamford le mois prochain. Mon mari a un nouveau boulot chez Hudson. Vous habitez une maison ou un appartement?
- On a une maison dans un quartier très tranquille. Ca s'appelle Sheperd's Hill (la Colline du Berger). Tu sais où c'est?
- Non, je crains que non. En fait, on doit chercher une maison ou un appartement, mais on n'a pas beaucoup de temps pour choisir. J'ai appelé quelques agences la semaine dernière, et elles ont toutes dit qu'il est difficile de trouver à se loger à Stamford.
- C'est vrai. C'est une ville en pleine expansion, tu sais. Il y a beaucoup d'opportunités d'emploi grâce au nouveau complexe chimique de Greenfield Valley, mais pas assez de maisons pour tous les nouveaux-venus.
- C'est dommage. Je suppose qu'on devra trouver une solution temporaire à quelques kilomètres de là, et…
- Remarque, Kate, vous pourriez rester chez nous quelques semaines. La maison n'est pas bien grande, mais on a une grosse caravane dans le jardin. Je suis sûr que tes enfants aimeraient ça.
- Eh bien, ça pourrait être une idée. Je ne crois pas qu'Andrew aime le camping, mais c'est sans importance: il sera occupé au travail. Tu crois que ta femme sera d'accord?
- Sans aucun doute. Et ne t'en fais pas: si Andrew n'aime pas camper, c'est nous qui prendrons la caravane. De cette façon, vous aurez tout le temps qu'il vous faut pour choisir une adresse avant d'emménager.
- Super! Merci beaucoup, Bernie! Mais où est-ce qu'on peut laisser nos meubles, alors?

Questions : (Imaginer sa réponse si nécessaire)

Pensez-vous que Kate et Bernie sont de très bons amis? (Pourquoi / Pourquoi pas?) Se sont-ils rencontrés récemment? Pourquoi Kate et Andrew emménagent-ils à Stamford? Quand Andrew doit-il débuter dans son nouvel emploi? Pourquoi est-il si difficile de trouver à se loger à Stamford? Comment Kate sait-elle que c'est si difficile? Combien d'agences a-t-elle appelées la semaine dernière? Quelle sorte de logement cherchent-ils? Qu'est-ce qui explique l'expansion actuelle de Stamford, d'après Bernie? Qu'est-ce qu'un complexe chimique? Où se situe le nouveau complexe chimique, vis à vis du centre ville? Que fabriquent ces entreprises? Combien d'entreprises se sont déjà installées à Greenfield Valley? Quelle en est la surface totale? Combien d'emplois ont été créés jusqu'à présent? Pourquoi n'y a-t-il pas assez de maisons pour les employés? Que devrait faire le conseil municipal pour accueillir les nouveaux-venus? Pourquoi n'ont-ils pas anticipé? Quelles conséquences impliquera le complexe pour la ville en termes de transports?...de sécurité?...d'impôts (ou recettes fiscales) ? Quelles conséquences impliqurea le complexe pour la ville en termes de commerces ?...d'écucation? Quand le complexe chimique a-t-il été inauguré? Comment l'inauguration a-t-elle été officiellement fêtée? Qu'est-ce que Bernie suggère de faire pour aider Kate et sa famille? Quelle est la taille de la caravane de Bernie? Comment Bernie passe-t-il ses vacances d'été, d'habitude? Où préfère-t-il aller camper? Pourquoi Andrew n'aime-t-il pas camper? Comment Bernie peut-il être tellement sûr que sa femme sera d'accord? Qu'est-ce que Kate et son mari peuvent faire de leur mobilier? Quelle quantité de meubles ont-ils? Pourquoi Andrew ne devrait-il pas être ennuyé de camper pendant quelques semaines, d'après sa femme? Pourquoi le mari de Kate a-t-il changé de travail ou de société? Comment a-t-il trouvé cette opportunité d'emploi? Comment Kate et son mari pourraient-ils remercier leurs amis pour leur aide après avoir trouvé une adresse? Comment chercheriez-vous une maison ou un appartement si vous deviez vous installer dans une autre ville ou un autre village? Que devront faire Kate et son mari en ce qui concerne leurs enfants, dès qu'ils emménageront ? Pourriez-vous décrire la caravane de Bernie ?

Dialogue 18

- Bonjour, Mme Harper. Que puis-je faire pour vous?
- Bonjour, M. Teabone. Je voudrais quelques saucisses, s'il vous plaît.
- C'est pour quoi faire?
- Des "Crapaux dans le Trou".
- Je vois. Alors, il vous faut de cette sorte. Elles viennent de York. Elles sont beaucoup plus fraîches que d'habitude.
- Elles ne sont pas trop épaisses?
- Oh non, au contraire. Si vous en achetiez des plus fines, elles se dessècheraient en cuisant.
- Je suppose que vous avez raison. Cela dit, nous seront 5. Alors, je voudrais, disons, 10 saucisses…?
- Eh bien, si j'étais vous, je dirais 15. Elles sont plutôt minces une fois cuites, vous savez.
- D'accord. Disons 15, alors. De toute façon, on peut les manger froides si ça fait trop. Combien ça fait?
- Alors, voyons voir…ça vous fait six livres et quatre-vingt pences, s'il vous plaît.
- Voilà dix livres. Je suis désolée. Je n'ai pas la monnaie.
- Cela ne fait rien. Voici…sept, huit, neuf…et dix livres.
- Oh! J'allais presque oublier! Je voudrais aussi quelques tranches de pâté en croûte.
- D'accord… Bon, il ne reste pas grand-chose ici. Je vais vous entamer un nouveau pâté. Cette épaisseur? Combien de tranches?
- Cinq, s'il vous plaît. Merci. Combien ça fait, avec trois de ces pâtés de steak et de rognon?
- Ca vous fait encore 5 livres et 5 pence. Disons 5 livres…C'est bien ça, merci.
- Pourrais-je avoir un autre sac, s'il vous plaît? Mon panier est plein de légumes du marché.
- Certainement. Voici pour vous, Mme Harper. Passez un bon week-end. Au revoir…

Questions : (Imaginer sa réponse si nécessaire)

Où a lieu ce dialogue? Quel est le métier de M. Teabone? Comment connaît-il Mme Harper? A quelle fréquence Mme Harper va-t-elle à la boucherie? Quel jour est-ce dans la semaine? Quelle heure est-il? Que vient acheter Mme Harper cette fois-çi? Pour combien de personnes devra-t-elle cuisiner? Quand les saucisses de York ont-elles été livrées au boucher? Que veut cuisiner Mme Harper? Pourquoi le boucher recommande-t-il particulièrement les saucisses de York pour la recette de Mme Harper? Pour quel plat achète-t-on habituellement des saucisses? Quand Mme Harper a-t-elle cuisiné son précédent Toad in the Hole? Pour qui Mme Harper cuisinera-t-elle un Toad in the Hole? Pouvez-vous imaginer cette recette particulière? Pourquoi le boucher suggère-t-il d'acheter 15 saucisses? Avec quelle viande sont faites les saucisses, habituellement? Pourquoi Mme Harper ne prévoit-elle pas un barbecue avec des saucisses grillées au lieu d'un Toad in the Hole? Pourquoi Mme Harper est-elle facilement d'accord avec le boucher quand il recommande d'acheter 15 saucisses? Qu'est-ce que Mme Harper veut acheter d'autre? Est-ce que les saucisses sont vendues à l'unité ou pesées ensemble? Comment les bouchers pèsent-ils d'habitude la viande qu'ils vendent? Combien coûte chaque saucisse dans ce cas (précis)? Combien de monnaie le boucher doit-il rendre à Mme Harper après avoir reçu le billet de dix livres? Combien de tranches le boucher pourrait-il couper s'il utilisait seulement ce qui reste du premier pâté en croûte? Pensez-vous que Mme Harper sait bien acheter et bien cuisiner? Depuis combien de temps est-elle cliente? Pourquoi Mme Harper n'achète-t-elle que trois pâtés de steak et de rognon ? Pourquoi est-elle allée au marché en premier lieu? Quels fruits et légumes a-t-elle achetés au marché, et quelle quantité de chaque produit? Pourquoi Mme Harper demande-t-elle un autre sac? Que fera-t-elle après avoir quitté la boucherie? Pourquoi Mmr Harper ne préfère-t-elle pas acheter sa viande au supermarché ou sur la place du marché? Qui fournit M.Teabone en viande? A quelle fréquence la viande est-elle livrée de l'abattoir? En quoi la viande est-elle bonne, concernant la santé? Pourquoi la viande n'est pas habituellement recommandée pour un bon régime? A quoi ressemble un régime alimentaire bien équilibré?

Dialogue 19

- Tu m'a l'air plutôt pâle et embarrassée, Sally. Qu'est-ce qui ne va pas? Tu est malade?
- Non, je ne crois pas. T'en fais pas, papa. J'irai mieux la semaine prochaine quand vous aurez rencontré Jack.
- Jack? Tu veux dire, ton nouveau petit ami? A propos, pourquoi tu veux qu'on le rencontre?
- Parce que je l'aime, papa. Je veux l'épouser.
- Vraiment? Tu es sérieuse? Mais on ne le connaît pas encore. Qui est-ce? Comment est-il?
- Mmmm! Il est merveilleux, 'pa. Un génie en herbe. Je suis sûre qu'il te plaira.
- Je comprends, mais... Je veux dire, qu'est-ce qu'il fait comme travail?
- Oh, eh bien, il ne travaille pas encore, en fait. Remarque, il n'est pas au chômage. Il est étudiant.
- Je vois. Il doit être plutôt jeune, alors. Peut-être trop jeune pour se marier.
- Ben, il a environ...29 ans.
- Tant que ça? Il doit avoir entrepris de très longues études. Laisse-moi deviner. Peut-être un doctorat en Science comme moi il y a 30 ans?
- Non, 'pa. C'est un grand étudiant en Beaux-Arts.
- En Beaux-Arts? Elle est bonne, celle-la! Tu veux dire que tu vas épouser un de ces crétins d'artistes aux cheveux longs?
- Mais comment tu peux dire ça? Tu ne l'a pas encore rencontré. Il sera plus célèbre que toi dans quelques années... De toute façon, j'ai 19 ans, et quoi que penses, il faudra que je me marie bientôt.
- Qu'est-ce que ça veut dire, "il faudra"? C'est la plus grande décision de la vie, tu sais. Il faut y réfléchir à deux fois avant de se marier, et le métier du mari compte par dessus tout. Tu ne crois pas?
- Eh ben,...j'aimerais bien pouvoir attendre un peu, 'pa,...mais, euh, ça devient urgent, si tu vois ce que je veux dire... 'Pa? Tu vas bien?

Questions: (Imaginer sa réponse si nécessaire)

Quand a lieu cette conversation? Que font Sally et ses parents tout en discutant? Pourquoi Sally est-elle si pâle et embarrassée? Pourquoi veut-elle que ses parents rencontrent Jack très bientôt? Quand et comment Sally a-t-elle rencontré Jack? Pensez-vous que Sally est étudiante en Beaux-Arts? (Pourquoi ? / Pourquoi pas?) Que signifie Sally quand elle dit que son petit ami est un génie en herbe? Quel âge a son père? Qu'est-ce que le père de Sally veut savoir sur Jack? Pensez-vous qu'ils se rencontreront finalement? Qu'est-ce qui a rendu Sally amoureuse de Jack? Croyez-vous que Jack veuille épouser Sally? (Pourquoi / Pourquoi pas?) Pourquoi le père de Sally suppose-t-il que Jack est trop jeune pour se marier? Pourquoi est-il encore étudiant à 29 ans? Pourquoi le père de Sally suppose-t-il spontanément que Jack prépare un doctorat en Science? Pourquoi le père de Sally pense-t-il qu'il faut ne faut se marier qu'après avoir obtenu un emploi? Pourquoi Sally ne préfère-t-elle pas vivre avec Jack sans se marier, comme beaucoup de gens de nos jours? Qu'est-ce que le père de Sally pense des artistes? Aimeriez-vous personnellement vivre avec un(e) artiste? Pourquoi les artistes ont-ils souvent un look et un mode de vie bizarres, à votre avis? A quelles activités les Beaux-Arts font-ils habituellement référence? Que fait Jack en tant qu'artiste et génie en herbe? Aimeriez-vous que votre fille épouse un artiste comme Jack, si vous étiez dans la situation du père? Pourquoi la mère de Sally ne participe-t-elle pas à cette conversation? Où est-elle? Que fait-elle? Seriez-vous d'accord pour dire que le mariage est la plus grande décision de la vie? (Pourquoi / Pourquoi pas?) Comment le père de Sally pourrait-il persuader sa fille de ne pas épouser Jack, à votre avis? Dans quelle mesure le métier du mari ou de la femme peut-il influer sur le mode de vie du couple? (Par exemple?) Pourquoi faut-il que Sally se marie dès que possible? Depuis combien de temps est-elle enceinte? Qu'arrive-t-il au père de Sally quand il comprend qu'en plus, sa filles est enceinte? De quoi pourront vivre Sally et Jack? Pourriez-vous décrire la première exposition de Jack?

Dialogue 20

- Est-ce que vous avez envoyé le rapport de M. Perkins, Sheila?
- Non. J'attends encore l'accord de l'ingénieur.
- Qui est l'ingénieur, cette fois-çi?
- Vous n'avez pas lu le rapport, M. Reagan?
- Eh bien, je regrette, j'étais trop occupé la semaine dernière, à cause de l'exposition de Glasgow.
- Je suppose que vous savez qu'il faudra le lire avant la réunion de lundi avec le directeur et les japonais.
- Bien sûr. Ne vous en faites pas. Je crois que je le lirai chez moi pendant le week-end. Alors, qui est l'ingénieur?
- M. Krammer, de L.E.C., je veux dire, Liverpool Engineering Consultants.
- Pourquoi n'a-t-on pas appelé un de nos ingénieurs pour ce document?
- Parce que le client japonais a préféré un point de vue indépendant.
- Je vois... Et quand pensez-vous que nous auront l'accord de l'ingénieur?
- Je viens de lui téléphoner. Il a dit qu'il a besoin de plus de renseignements sur le nouveau système automatisé.
- Et il a dit qu'il lui fallait combien de temps?
- Un jour de plus. On aura sans doute le document au courrier de vendredi.
- Parfait... J'espère qu'il sera d'accord avec le point de vue de M. Perkins. C'est assez difficile (comme-çà) de négocier avec les Japonais.
- C'est bien vrai. Particulièrement quand on ne comprend pas leur anglais.

Questions : (Imaginer sa réponse si nécessaire)

Où se tient probablement cette conversation? Qui est Sheila? A qui parle-t-elle? Qui a écrit le rapport que Sheila est censée envoyer? De quoi traite le rapport de M. Perkins? A qui Sheila doit-elle envoyer le rapport de M. Perkins? Quand aurait-elle dû envoyer le rapport de M. Perkins? Que doit attendre Sheila avant d'envoyer le rapport? Combien de pages M. Perkins a-t-il rédigées? Combien d'exemplaires de ce rapport sont disponibles? Quelle langue est utilisée dans ce rapport? Pourquoi M. Reagan n'a-t-il pas encore lu le rapport? Pourquoi n'a-t-il pas pu le lire à Glasgow la semaine dernière? Combien de temps a duré l'exposition de Glasgow? Combien de clients a-t-il rencontrés pendant cette exposition? Depuis combien de temps M. Reagan a-t-il ce rapport? Pourquoi ne l'a-t-il pas lu à l'hôtel la semaine dernière? Quand est-ce que M. Reagan lira le rapport de son collègue? Qu'est-ce que sa femme prévoit de faire le week-end prochain? Comment Sheila peut-elle deviner que M. Reagan n'a pas encore lu le rapport? Avec qui se tiendra la réunion de lundi? Quel somme d'argent est en jeu dans la négociation de lundi avec les japonais? Pour quand est la livraison? Combien de temps faudra-t-il à M. Reagan pour lire le rapport pendant le week-end, à votre avis? Qui a décidé de choisir un consultant indépendant? Pourquoi ont-ils préféré choisir L.E.C.? Pourquoi le client japonais ne fait-il pas confiance aux ingénieurs de la firme? Comment est M. Krammer? Combien coûtera le service du consultant? Qui devra payer pour ce service de consultant? Qui donnera à M. Krammer le renseignement dont il a besoin avant d'envoyer son accord? Combien de personnes assisteront à la réunion de lundi avec les japonais? Quel devrait en être le résultat? Combien de Japonais viendront à la réunion? Quels sont leurs statuts dans leur entreprise? Quand les visiteurs japonais devraient-ils atterrir? Qui les accueillera à l'aéroport? Combien de temps durera la réunion de lundi? Où aura lieu la réunion de lundi ? Pourquoi ? Préféreriez-vous personnellement négocier avec les Japonais le matin ou l'après-midi? Pourquoi les Japonais préfèrent-ils venir en Grande Bretagne, au lieu d'accueillir leur fournisseur au Japon?

Dialogue 21

- Rickmansworth 74769…
- Allo? C'est vous Tony? Linda Miles au téléphone!
- Ah! Comment allez-vous Linda?
- Très bien, merci, malgré le temps! Ca fait maintenant deux semaines qu'il pleut sans arrêt.
- Oui. C'est (bien) dommage pour le jardinage. On a même dû annuler un pique-nique le week-end dernier.
- Bref, je vous téléphone pour une invitation amicale, si vous êtes libres vendredi soir.
- Voilà une bonne nouvelle, à condition que ce ne soit pas un pique-nique!
- Bien sûr que non. C'est un repas d'intérieur. J'ai une nouvelle recette que vous allez sûrement adorer, Tony.
- Sans aucun doute, Linda. Vous êtes une si bonne cuisinière depuis que vous êtes revenue de France!
- Bien. Alors c'est d'accord pour vendredi soir?
- Je crois que oui. Sally est toujours libre après 17h. A quelle heure voulez-vous qu'on arrive?
- A n'importe quelle heure après 19h, parce que Robert joue au squash de 17 à 18h30.
- Parfait. On aura des courses à faire à Main Steet. Kevin a besoin d'un nouvel uniforme. On devrait arriver vers 7h30 s'il n'y a pas trop de trafic en ville.
- Super! Je suis sûre que nous allons passer un bon moment avec les Palmer.
- Les Palmer?
- Oui. Les pharmaciens de la Place Dalton. Vous les connaissez bien, non?
- Euh, oui, bien sûr mais, euh, ne quittez pas, un instant, s'il vous plaît. Je viens de trouver l'agenda de Sally près du téléphone, et je me demande si elle est libre vendredi…voyons, Vendredi 24, oh flûte! On n'a pas de chance: elle a une réunion à l'école St Jean. Est-ce que ça vous ennuie si on change la date?

Questions: (Imaginer sa réponse si nécessaire)

Dans quel but Linda Miles téléphone-t-elle à Sally et Tony? Quand a-t-elle appelé la dernière fois? Quel temps fait-il? Quel est le loisir favori de Tony? Depuis combien de temps pleut-il? Quel mois est-ce dans l'année, probablement? Qu'est-ce que Tony et Sally avaient prévu de faire le week-end dernier? Où ont-ils pu rencontrer leurs amis? Quel est le seul avantage de ce mauvais temps en ce qui concerne le jardin de Tony, à votre avis? Pensez-vous que les Miles sont d'assez proches amis de Sally et Tony? Pourquoi / Pourquoi pas? A quelle fréquence ces amis s'invitent-ils, à votre avis? Où se sont-ils rencontrés la dernière fois? Depuis combien de temps les Miles sont-ils les amis de Sally et Tony? Comment sont-ils devenus amis? Pourquoi Tony devrait-il apprécier le dîner de Linda? Comment Linda a-t-elle appris la cuisine française? Combien de temps Linda est-elle restée en France? Qu'y faisait-elle? Quand en est-elle revenue? Quelle nouvelle recette Linda prévoit-elle de cuisiner pour ses amis? Pourquoi l'invitation est-elle vendredi soir? Pourquoi les Miles n'ont-ils pas invité Sally et Tony plus tôt à ce dîner de vendredi? Combien de temps le mari de Linda joue-t-il au squash le vendredi? Avec qui joue-t-il d'habitude? Que devra faire Robert immédiatement après avoir joué au squash et avant d'accueillir ses amis? Pourquoi Sally et Tony prévoient-ils d'aller faire des courses dans Main Street? Quel âge a Kevin? En supposant que le dialogue a lieu au printemps, pourquoi Kevin a-t-il besoin d'un nouvel uniforme scolaire maintenant? Comment est l'uniforme scolaire de Kevin? Combien ses parents devront-ils payer pour ce nouvel uniforme scolaire? Pensez-vous qu'imposer des uniformes scolaires ou des tabliers serait une bonne idée dans les écoles françaises? Est-ce que la mixité est meilleure que de séparer les garçons et les filles, à votre avis? Qu'est-ce qui pourrait retarder l'arrivée de Tony et Sally vendredi? Avec qui sont-ils invités vendredi? Quelle est la réaction de Tony dès que les Palmer sont mentionnés? Pourquoi raconte-t-il un mensonge à Linda? Pourquoi Tony suggère-t-il finalement de changer de date? Pourquoi ne veulent-ils pas rencontrer les Palmer? Que pourrait faire Linda, si elle n'avait pas compris la réaction de Tony? Que devrait-elle faire maintenant?

Dialogue 22

- Mandy?
- Qu'est-ce qu'il y a, Philip?
- Tu as vu la commande de Newbridge Textiles?
- Je crois que la secrétaire vient de l'envoyer à l'usine de Watford. Pourquoi?
- Je voudrais vérifier une ou deux choses. Mike dit qu'il y a un problème avec un des prix.
- Vraiment. C'est bizarre. J'ai vérifié cette commande hier après-midi, et je n'ai pas remarqué d'erreur.
- Eh bien, en fait, Mike n'est pas d'accord avec les prix que son commercial a négocié la semaine dernière.
- Je vois. Et qu'est-ce qu'il veut que tu fasses, alors?
- Il veut que je voie si on peut changer le prix unitaire des jeans Buffalo.
- C'est impossible, Philip. C'est trop tard! Le client ne sera jamais d'accord.
- Mike veut aussi que je téléphone à M. Cullighan, de Newbridge Textiles, pour essayer de négocier un nouvel accord.
- Ca, c'est bien (typique de) lui! Et qu'est-ce que tu vas faire?
- Qu'est-ce que je peux faire, Mandy? Mike est chef de service. J'appellerai M. Cullighan à 11h30. Mais ne t'en fais pas, Mandy: tu sais que je suis le meilleur diplomate de la firme.
- Et en ce qui concerne le formulaire de commande?
- Il faut arrêter le processus de commande jusqu'à ce que je puisse appeler M. Cullighan. Quand est-ce que la secrétaire l'a transmis?
- Euh…à 8h30, je crois. Tu veux que je téléphone à l'usine de Watford?
- Oui, s'il te plaît. Espérons qu'ils n'ont pas encore commencé à produire les jeans.

Questions: (Imaginer sa réponse si nécessaire)

Que cherche Philip dans le bureau de Mandy? Pourquoi la commande n'est-elle plus dans son bureau? Pourquoi Philip veut-il voir la commande de Newbridge Textiles dès que possible? Quand est-ce que Mandy a vérifié cette commande? Pourquoi n'a-t-elle pas pu trouver d'erreur quand elle l'a vérifiée? Sur quoi porte l'erreur? (En quoi consiste l'erreur?) Pourquoi est-ce un problème embarrassant pour le patron de Philip? Qu'est-ce que Mike veut que Philip fasse concernant cette commande? Qui a négocié le mauvais prix? Comment le vendeur a-t-il fait un si grosse erreur la semaine dernière? Quel article est concerné par le problème? Combien de jeans sont commandés par Newbridge Textiles? Qu'est-ce que ce gros client a commandé d'autre? Quel est prix unitaire erroné? Combien de jeans Buffalo ont été commandés? Quel est le montant total de la commande de Newbridge Textiles? Qui est M. Cullighan? Quel devrait être le prix unitaire des jeans Buffalo, selon le chef de service? Quel pourcentage Newbridge Textiles représente dans le chiffre d'affaires total de l'entreprise? Que pourrait demander M. Cullighan s'il acceptait de changer le prix unitaire et de payer plus cher? Pourquoi Mike n'appelle-t-il pas M. Cullighan au sujet de ce problème, au lieu de demander à Philip de téléphoner? Pourquoi Philip est-il la seule personne capable de résoudre le problème avec M. Cullighan? A quelle heure ce dialogue a-t-il lieu? Quand est-ce que Philip appellera M. Cullighan? Pourquoi Philip ne peut-il pas appeler M. Cullighan avant 11h30? Comment sait-il qu'il ne peut pas l'appeler maintenant? Que doivent faire Mandy et Philip avant de téléphoner à M. Cullighan? Qui appellera l'usine de Watford? En supposant que l'entreprise ait plusieurs usines, pourquoi ont-ils choisi l'usine de Watford pour cette commande? Comment Mike pourrait-il pénaliser le vendeur pour son erreur s'il ce n'était pas la première? Comment Mike récompensera-t-il Philip s'il parvient à changer le prix unitaire des jeans Buffalo? Que pensez-vous de la tendance des prix de nos jours, en ce qui concerne les négociations inter-entreprises? Que pensez-vous de l'évoution actuelle du pouvoir d'achat des consommateurs dans votre pays?

Dialogue 23

- Salut vieux Fred! Comment ça va?
- Ca pourrait être pire, Margaret. Je suppose que tu sais que je viens de partir en retraite. On n'a plus besoin de moi chez Midland Textiles.
- Et alors? Tu n'est pas heureux d'être en retraite?
- Ben, je suppose que je n'y suis pas encore habitué. Tu sais, après 40 ans dans la même usine, c'est un vrai choc de n'avoir rien à faire à longueur de journée.
- Rien à faire? Ne dis pas ça, Fred! Il y a tant de choses à faire, de nos jours!
- Oui, mais il n'y a que le temps de gratuit (libre), et on doit payer le reste!
- Tu as tort. Les activités les plus intéressantes ne sont pas toujours coûteuses. Tu n'aimes pas marcher, aller à la pêche ou lire des livre de la bibliothèque municipale?
- Oui. Mais si on passe tout son temps à faire la même chose, ça devient aussi ennuyeux que de faire la vaisselle.
- C'est parce que tu continues avec les mêmes loisirs qu'avant, Fred.
- Qu'est-ce que tu veux dire?
- Je veux dire que tu devrais essayer de nouvelles activités. Ce que tu faisais quand tu étais contremaître n'était bon que pour des vacances courtes. Maintenant que tu as tout ton temps, tu devrais faire d'autres choses, je veux dire, des choses que tu n'avais pas le temps de faire quand tu étais à Midland Textiles. Allons... Essaie de te rappeler ce que tu voulais faire quand tu étais plus jeune...
- Euh... J'ai toujours voulu parler espagnol, si c'est ce que tu veux dire...
- Eh bien, alors! Pourquoi ne pas apprendre l'espagnol au Collège de Watford? Les cours de cette année commencent dans deux semaines. Et tu auras la chance de visiter l'Espagne au printemps: c'est la meilleure des saisons.

Questions: (Imaginer sa réponse si nécessaire)

Quel âge a Fred? Pourquoi Fred est-il de mauvaise humeur? Qu'est-ce qu'il préférerait faire au lieu d'être en retraite? Quand est-ce que Fred est parti en retraite? Comment Midland Textiles a fêté sa retraite? Quels cadeaux a-t-il reçus? Combien de temps Fred a-t-il travaillé à Midland Textiles? Comment peut-on deviner qu'il est sans doute vieux garçon? Pourquoi s'ennuye-t-il, d'après Margaret? En quoi consiste le travail d'un contremaître? Quelles activités bon marché Margaret suggère-t-elle spontanément? Pourquoi suggère-t-elle des activités gratuites? Quel est le principal problème de Fred vis à vis de son temps libre? Est-ce que Margaret est déjà en retraite, à votre avis? Pourquoi Fred devrait-il changer d'activités, selon Margaret? Qu'est-ce que Fred aimerait apprendre? Pourquoi Fred n'a-t-il pas appris l'espagnol jusqu'à présent? Comment pourrait-il parler espagnol, selon Margaret? Pourquoi Fred trouve-t-il si ennuyeux de faire la vaisselle? Pourquoi ne pouvait-il pas apprendre l'espagnol par son entreprise? Pourquoi Fred préfère-t-il apprendre l'espagnol, et non pas le français ou l'allemand? Qu'est-ce qu'un loisir? Que pourra faire Fred après avoir appris l'espagnol au Collège de Watford, d'après Margaret? Pourquoi le printemps est-il la meilleure saison pour visiter l'Espagne, d'après Margaret? Comment Fred ira-t-il en Espagne? Quelle partie de l'Espagne Fred préférera-t-il visiter, à votre avis? Quand peut-il commencer à apprendre l'espagnol? Quelles questions Fred devra-t-il poser à la réceptioniste du collège concernant leurs cours d'espagnol? Combien de temps faudra-t-il à Fred pour apprendre l'espagnol au Collège de Watford? Combien devra-t-il payer? Que ferait Fred s'il devenait soudainement très riche? Pourquoi ne peut-il pas trouver un emploi différent? Pourquoi de plus en plus de retraités doivent souvent continuer de travailler un petit peu, à votre avis? A quel âge devrait-on prendre sa retraite, à votre avis? Pourquoi est-ce que certaines personnes ne veulent jamais partir en retraite? Est-ce que la plupart des gens partirait en retraite ou continuerait de travailler si on pouvait travailler à temps partiel après 60 ans? Comment la société peut-elle payer le coût croissant des retraites, étant donné la pyramide des âges actuelle? Pourquoi la plupart des gens de plus de 55 ans souhaitent partir en retraite dès que possible, à votre avis? Pourquoi Fred ne s'est-il jamais marié?

Dialogue 24

- Combien de personnes travaillent chez Berkeley Food?
- Tu veux dire, ici sur ce site, ou dans la firme entière?
- Les deux, si possible.
- Eh bien, il y a 22.000 personnes en tout, je veux dire, y compris les trois usines à l'étranger. Mais ici à Birmingham, il n'y en a que 3.450.
- C'est vraiment beaucoup. Est-ce que ce chiffre comprend le personnel administratif?
- Oui. Environ 360 personnes travaillent dans ce bâtiment, puisqu'on est au siège social. On est divisé en 12 services. Au fait, dans quel service tu vas travailler?
- Le service des ventes, je crois. Mme Jackson m'a dit que je travaillerais avec M. Redgrave.
- Oh mince alors! Ca va pas être facile pour toi. Ronald Redgrave est un patron très difficile. Il n'arrête pas de se plaindre à longueur de journée. Il n'est jamais satisfait et toujours de mauvaise humeur.
- Vraiment. Pourquoi est-il si déagréable?
- Les gens disent que c'est parce qu'il a toujours voulu devenir membre du Conseil d'Administration. Mais il n'est pas assez bon pour rejoindre le club des gros patrons.
- Je vois. Mais comment peut-il rester en charge d'un service avec une si mauvaise réputation?
- C'est un mystère total. Peut-être qu'il sait trop de choses sur les gens les plus importants de la firme. Il est aussi inquisiteur qu'un détective privé!
- Eh bien, je ne suis pas sûr de rester très longtemps chez Berkley Food...Est-ce que je peux changer de service?
- Ne t'inquiète pas. Tu changera sûrement de service avant un an, comme la plupart des gens le font finalement, excepté ceux qui finissent par avoir une dépression nerveuse.

Questions: (Imaginer sa réponse si nécessaire)

Pourquoi ces deux collègues parlent-ils de leur entreprise? Où discutent-ils? Quels sont les produits phares de cette firme multinationale? Où sont les trois usines étrangères? Que produisent les trois usines étrangères? Combien d'employés travaillent à l'étranger? Quels sont habituellement les principaux services du siège social d'une entreprise multinationale? Pourquoi le vieil employé pense-t-il que son jeune collègue n'a pas de chance? Pourquoi Mme Jackson a-t-elle nommé le nouvel employé dans le service de M. Redgrave? Quand a-t-on donné ce travail au nouvel employé? A-t-il déjà rencontré M. Redgrave? Que feriez-vous si vous étiez le nouvel employé dans le service de M. Redgrave? Pourquoi M. Redgrave n'est-il pas licencié malgré son comportement insupportable envers ses employés? Que sait M. Redgrave concernant certaines des personnes les plus importantes de la firme? Combien de membre y a-t-il au Conseil d'Administration? Quelle est la responsabilité du Conseil? A quelle fréquence se rencontrent les membres du Conseil? Combien de temps durent leurs réunions, normalement? A quoi sert un détective privé? En quoi consiste le travail d'un détective privé? Pourquoi certaines personnes préfèrent payer un détective privé au lieu d'appeler la police? De quoi dépend habituellement la réputation d'un cadre supérieur? Est-elle toujours méritée? Comment tous les employés de M. Redgrave quittent-ils tôt ou tard le département des ventes? Que devraient faire les employés quand ils souffrent de harcèlement sexuel ou psychologique? Comment le nouvel employé pourrait-il libérer Berkeley Food de l'influence de M. Redgrave? Quelle est la fonction du nouvel employé chez Berkeley Food, étant donné le service de M. Redgrave? Pourquoi les entreprises fusionnent-elles en groupes mondiaux de nos jours? Quels en sont les avantages? Comment définiriez-vous la mondialisation? Quelles sont les conséquences négatives de la mondialisation? De quoi dépend principalement l'atmosphère de travail d'une entreprise, à votre avis?

Dialogue 25

- Tourne à droite ici, s'il te plaît… Tu connais Bob Dingle?
- Bob Dingle? Je ne l'ai rencontré qu'une fois, avant. Il a l'air très agréable. Depuis combien de temps il travaille ici?
- Environ dix ans, je crois. Il a enseigné l'allemand pendant environ 7 ans, et puis il a hérité du magasin familial de son père, et finalement, il est devenu associé dans cette firme en 1985. Tu peux changer de file ici: on va prendre le pont.
- Il a une secrétaire?
- Bien sûr. Et je suis sûr que tu l'as déjà remarquée. Wendy Doolittle est la plus belle fille de la société. Tu sais, la grande fille blonde qui a un accent français. Elle est toujours très sexy avec ses habits parisiens…encore à gauche, s'il te plaît…
- D'accord. J'avoue que c'est un vrai top molèle. Mais je m'intéresse plus à M. Rover, le chef comptable. Il n'est pas marié, n'est-ce pas?
- Non, mais il semble être en très bons termes avec Wendy Doolittle, je crains.
- Ne t'en fais pas, je plaisantais… Au fait, pourquoi elle a ce (très) fort accent français?
- Parce que les Doolittle sont de Tours, en fait. Son père est un chirurgien célèbre, et ils ont une clinique privée par là-bas. Nous y voici. Tu peux t'arrêter en face de ce bâtiment gris.
- J'ai de la chance: cette voiture rouge vient de partir. Et c'est quoi, la spécialité de son père?
- La chirurgie plastique, je crois.
- Hummm! Pas étonnant que sa fille soit si séduisante! Encore une de ces filles siliconées qu'on voit dans les magazines…
- Attention, Sarah! Tu deviens vraiment jalouse!

Questions: (Imaginer sa réponse si nécessaire)

Que font des deux collègues ensemble tout en parlant de leur entreprise? Où vont-ils? Qui conduit la voiture? Qui explique la direction jusqu'au lieu de rencontre? En supposant que la voiture appartienne au collègue de Sarah, pourquoi Sarah conduit-elle la voiture de son collègue? A votre avis, quel âge a Bob? Quel âge avait-il quand il a arrêté d'enseigner l'allemand? Pourquoi a-t-il arrêté d'enseigner l'allemand? Quel magasin a-t-il hérité de ses parents? Quand était-ce? Combien de temps Bob Dingle a-t-il gardé le magasin de ses parents? Pourquoi a-t-il finalement vendu le magasin de ses parents? Quel service Bob Dingle dirige-t-il, étant donné son CV avant de travailler dans cette société? Comment Bob Dingle a-t-il pu trouver assez d'argent pour devenir associé de cette société en 1985? Que vend cette société? Qu'est-ce que le pont traverse? Dans quelle voiture sont-ils? Pourquoi Sarah demande-t-elle à son collègue si Bob Dingle a une secrétaire? Qui est sa secrétaire? Quelle est la réputation de Wendy dans la société? Depuis combien de temps Wendy travaille-t-elle dans cette entreprise? Quel âge a Wendy, à votre avis? Pourquoi porte-t-elle habituellement des vêtements parisiens très à la mode? Combien de temps Wendy a-t-elle vécu en France avant de travailler ici? Où vivent et travaillent ses parents? Pourquoi ses parents se sont-ils installés en France? Il y a combien de temps qu'ils ont déménagé pour la France? Est-ce que Wendy est née en France ou en Grande-Bretagne? Est-ce que la mère de Wendy travaille? Où est elle née? Pourquoi Sarah n'a-t-elle pas remarqué que Wendy est la secrétaire de M. Dingle? Qui préfère-t-elle dans l'entreprise? Comment est M. Rover? Pourquoi Wendy ne peut-elle pas parler l'anglais avec un meilleur accent? Comment le collègue de Sarah sait-il que M. Rover s'intéresse à Wendy Doolittle? Qu'a-t-il vu? Comment peut-on deviner que Sarah est jalouse de Wendy Doolittle? Pourquoi Sarah est-elle jalouse de Wendy? Pourquoi Wendy est-elle si belle, d'après Sarah? Pourquoi Sarah dit-elle qu'elle a de la chance avec sa voiture? Qu'est-ce que la chirurgie plastique? Pourquoi la chirurgie plastique est-elle de plus en plus à la mode de nos jours? Quand est-ce que la chirurgie plastique est nécessaire, à votre avis? Quels sont les principaux risques de la chirurgie plastique?

Dialogue 26

- Pardon, Madame. Nous sommes M. et Mme Nickson, d'Ottawa…
- Nickson? Et vous cherchez une chambre, je suppose?
- C'est exact. Mais nous avons déjà réservé par l'Office de Tourisme de la Gare Victoria.
- Ah, je suis désolée. Je ne savais pas. Vous avez dû avoir ma belle-fille au téléphone. Voyons, laissez-moi vérifier sur le tableau des réservations… Nickson…c'est bien ça…deux personnes, chambre 19.
- Bien. Est-ce qu'on pourrait visiter la chambre et y laisser nos bagages dès que possible?
- Certainement. Suivez-moi, je vous en prie…c'est au premier étage…voilà votre chambre. Elle n'est pas aussi récente que la plupart de nos chambres, mais j'ai bien peur que ce soit la seule qui nous reste.
- Ca ne nous dérange pas. Elle a l'air assez confortable pour une semaine de vacances.
- Je suis sûre qu'elle vous plaira. Mais si vous passez une semaine ici, je vous donnerai une autre chambre dès qu'elle se libérera. Cela dit, le lavabo est ici, derrière ce rideau, avec une douche sur la droite.
- Parfait. Et la télévision? On nous a dit que la télé était comprise.
- Oui, Monsieur, mais ça, c'est dans le salon télé du rez-de-chaussée, juste en face de la porte d'entrée. Remarquez, vous pouvez aussi louer un poste si vous préférez. C'est 12£ par semaine. Mais je ne crois pas que vous soyez à Londres pour regarder la télé, n'est-ce pas?
- Bien sûr que non. Bien que ça puisse être intéressant de regarder les infos à l'étranger. Cela dit, à quelle heure est le petit-déjeuner?
- Le petit-déjeuner est servi entre 7h et 9h. Vous pouvez le prendre soit dans votre chambre, soit dans la salle à manger du rez-de-chaussée, à côté du salon télé.
- Et où peut-on dîner ce soir?
- Eh bien, ici, on ne fait que l'hôtel, mais vous avez une friterie au coin de la rue, et un restaurant chinois au prochain carrefour, à gauche.

Questions: (Imaginer sa réponse si nécessaire)

D'où ces touristes sont-ils originaires? D'où viennent M. et Mme Nickson à l'instant? Quelle heure est-il, à votre avis? Comment les Nickson sont-ils venus en Grande-Bretagne? A quelle heure ont-ils atterri? Quand et où ont-ils réservé leur chambre? Pourquoi n'ont-ils pas réservé leur chambre depuis le Canada? Pour combien de temps sont-ils à Londres? Pour combien de temps sont-ils en Europe? Où iront-ils ensuite? En supposant qu'ils ont atterri en Europe il y a dix jours, quel pays ont-ils visité avant la Grande-Bretagne? Qu'est-ce que les Nickson prévoient de visiter à Londres? A quoi sert un Office de Tourisme? Pourquoi la dame ne sait-elle pas que M. et Mme Nickson ont déjà réservé une chambre dans cet hôtel? Pourquoi la dame est-elle désolée concernant cette chambre? Pourquoi la dame ne peut-elle pas leur donner une meilleure chambre? Combien de chambres l'hôtel peut-il offrir? Combien de personnes peuvent dormir dans cet hôtel quand il est complet? Pourquoi veulent-ils voir leur chambre maintenant? Comment est la chambre? (Tapisserie? Lit? Mobilier?) Que peuvent-ils voir de la fenêtre de cette chambre? Comment les Nickson peuvent-ils regarder la télévision? De quelle catégorie d'hôtel s'agit-il, à votre avis? Pourquoi les Nickson ne peuvent-ils pas trouver un meilleur hôtel? A quel étage se trouve leur chambre? Pourquoi ne peuvent-ils pas utiliser l'ascenceur? Quel est le poids de leurs valises? Pourquoi leur chambre pour deux est-elle meublée de deux lits séparés? Qu'y a-t-il entre les lits? Où préfèreront-ils prendre leur petit-déjeuner demain matin, et pourquoi? Que prendront-ils? Pourquoi M. Nickson pense-t-il que parfois, ça peut être intéressant de regarder les infos à l'étranger? Quel est le niveau de confort des lits? De quelle couleur sont les draps, les couvertures et les oreillers? Qu'ont-ils besoin de faire après avoir visité leur chambre? Pourquoi ne peuvent-ils pas dîner ici? Comment la dame peut-elle les aider concernant le dîner? Où peuvent-ils dîner, selon elle? Où dîneriez-vous de préférence si vous étiez M. ou Mme Nickson, et pourquoi? En supposant que l'hôtel est très mauvais, de quoi se plaindront les Nickson demain matin? Avez-vous jamais connu une mésaventure d'hôtel ou de restaurant? Quelles en étaient les circonstances?

Si vous avez apprécié...

...merci de vous connecter quelques instants sur Amazon.fr pour donner votre avis sur cet ouvrage et en recommander la lecture le cas échéant.

Votre avis est en effet essentiel, non seulement pour l'auteur et compositeur amateur que je suis, mais plus encore pour les nombreuses personnes surfant sur Internet en quête de conseils authentiques pour faire leur choix, sans compter que le soutien et les commentaires de mes lecteurs ou interprètes me sont tout aussi précieux que l'indispensable information des médias.

Dans l'attente du plaisir de vous lire en retour...

Bernard GARDE

Autres ouvrages disponibles du même auteur :

Âpre Miel
La conscience est amère, mais l'humour est sucré. (Ana)
Disponible sur Amazon.fr

Rapport Saintélangues
De l'échec à la réussite en Anglais. (Essai)
Disponible sur Amazon.fr

Corbeau Noir et Faisan Doré
(Roman policier)
Disponible sur Amazon.fr

Saintélangues – Niv.0
(Méthode autonome d'apprentissage accéléré pour débutant ou re-débutant intégral en anglais).
Disponible sur Amazon.fr

English Dialogues 1
(26 dialogues en anglais et 550 questions de compréhension ou d'improvisation, avec traduction indicative intégrale).
Disponible sur Amazon.fr

Le Ménestrin
(20 partitions pour flûte(s) à bec et dulcimer).
Disponible sur Amazon.fr

Cantate au Clair de Lune
(Pour voix ou instrument solo sur l'adagio de la Sonate au Clair de Lune de L.V. Beethoven).
Disponible sur Amazon.fr

Mélodithèque (Volumes 1 à 6)
(210 partitions pour guitare, guitare et flûte à bec, duos, trios et quatuors de flûtes à bec + enregistrements numériques).
Disponibles sur Free-scores.fr

Arrangements Musicaux
(The rose of Allendale, Amazing Grace, The Wild Rover, Scarborough Fair, Greensleeves, Canon de Pachelbel + enregistrements numériques).
Disponibles sur Free-scores.fr

www.ingramcontent.com/pod-product-compliance
Lightning Source LLC
Chambersburg PA
CBHW071259040426
42444CB00009B/1780